第**2**版

ケータイ

KÉTAI

Patent Attorney

弁理士

I

特許法・実用新案法

LEC東京リーガルマインド講師 **佐藤 卓也** 著

三省堂

【法改正の反映状況について】

　本書第2版では、執筆時点において、令和3年度弁理士試験の出題対象となることが見込まれる法改正をすべて反映しました。また、本文中に引用している条数についても、これらの法改正後の条数を表示しました。

　なお、令和4年4月1日に施行される民法改正（成年年齢改正）については、本文にはその内容を反映せず、該当箇所（第1章第4課）にその概要を注記してあります。

● コアから全て波及する力を付けよう ●

　弁理士試験は、時代の変化に伴い、その試験傾向も変遷を繰り返してきました。現代の弁理士には、特許取得等の実務だけでなく、世界を舞台にした侵害訴訟に立ち向かえるだけの交渉力、人間力が求められています。

　私も、受験当初は、弁理士試験のあまりの難易度の高さに、何度も受験を諦めかけました。しかし、我慢強く学習を積み重ねていくうちに、法律にはそれぞれバックボーンとなる制度趣旨があり、各試験科目には、コアとなる部分と派生的な部分があることに気づきはじめました。

　本書に記述した事柄は、各試験科目のコアとなる知識を凝縮したものです。その分量は、決して多いものではありません。しかし、本書の理解が100％でなければ、次に進んでも意味がないといえるだけのものを盛り込みました。「9割」ではいけません。「100％」でなければならないのです。

　読者のみなさんは、学習初日から試験当日まで、常に本書を携帯し、繰り返し学習を積み重ねてください。

　本書を制覇することで、多くの受験者が弁理士試験に見事合格し、知財分野の専門家として産業の発達に寄与する人材となってくれることを祈っています。

　また、本書は、弁理士試験だけでなく、知財管理技能検定その他各種試験や、企業法務の知財部門に勤めるビジネスマンにも、有益な知識を提供できるものと信じています。

　本書の執筆に当たっては、教え子でもある後輩弁理士をはじめ、多くの方々に支えていただきました。心から感謝申し上げます。

LEC 東京リーガルマインド専任講師
弁理士　佐藤卓也

この本は、左ページに必須知識のまとめ、右ページには実際に出た過去問題と予想問題を○×形式にして登載した、見開き完結型の実践テキストです。

テーマを最小限に厳選！繰返し学習を重視！

1 発 明

必ず出る！基礎知識　目標6分で覚えよう

必須知識を箇条書き方式で！

1 発明の定義

(1)「発明」とは、自然法則を利用した技術的思想の創作のうち、高度のものをいう(2条1項)。

(2)発明は、「自然法則を利用」していなければならない。

⇨「発明」に該当しないものの例としては、①自然法則自体(例万有引力の法則)、②単なる発見であって創作でないもの、③自然法則に反するもの(例永久機関)、④自然法則を利用していないもの(例経済法則、人為的な取り決め、数学上の公式、人間の精神活動)が挙げられる。

(3)発明は、一定の確実性をもって同一結果を反復継続して実施できるものでなければならないが、100%までの確実性は不要である。

(4)「技術的思想」は、抽象的なものではなく、具体化されたものでなければならない。

⇨①技能(例投球方法)、②情報の単なる提示(例運動会のプログラム)は、「発明」に該当しない。

(5)「創作」とは、新しいことを創り出すことであり、かつ、それが自明の事柄でないことをいう。

2 発明の実施(2条3項各号)

(6)「物の発明」の実施とは、その物の生産、使用、譲渡等、輸出、輸入、譲渡等の申し出である。

(7)「方法の発明」の実施とは、その方法の使用である。

(8)「物を生産する方法の発明」の実施とは、その方法を使用すること、その方法により生産した物(結果物)の使用、譲渡等、輸出、輸入、譲渡等の申し出である。

頭の整理に役立つ小項目主義！

暗記シートで消せる！

基礎知識の暗記なくして、法律の理解はあり得ません。左ページをサッと読んだら、すぐに右ページの○×問題に取り組んでください。この繰り返しがあなたを合格に導きます。

学習日とそのときの正答数が
4回分書き込める！

1テーマの学習時間は
左右合計10分を目標にしよう！

過去問を選択肢単位に分解し、覚えやすい○×問題に！

DATE & RECORD

1章

発明

学習日	月 日	月 日	月 日	月 日
正答数	／7	／7	／7	／7

● 出た過去問！ 出る予想問！ 目標 **4** 分で答えよう ●

□ 抗ガン剤は、特許の対象である。[S59-42] ☞(1)答○

□ 新規な形状のサイコロを利用する遊戯方法は、特許の対象である。[S59-42] ☞(2)答×

□ 新品種のよもぎは、特許の対象となる。[予想問] ☞(3)答○

□ ボールを指に挟む持ち方とボールの投げ方に特徴を有するフォークボールの投球方法は、特許の対象とならない。[予想問] ☞(4)答○

□ 「洋菓子の製造装置」に係る発明の特許権がある場合、当該特許発明の技術的範囲に属する洋菓子の製造装置を使用して製造した洋菓子についても、その特許権の効力が及ぶ。[H18-22] ☞(6)答×

□ 測定方法に係る特許発明（物を生産する方法の発明には該当しない。）についての特許権の効力は、当該測定方法により測定された物を業として譲渡する行為に対しても及び、裁判所は、その物の譲渡の差止め及び廃棄を命じることができる。[H22-33] ☞(7)答×

□ 薬を生産する方法の発明につき我が国で特許権の設定の登録がなされている場合、外国の製薬会社が外国で当該方法を使用して製造した薬を、当該特許権者の許諾を得ずに販売を目的として我が国に輸入する行為は、特許権の侵害となる。[H17-20] ☞(8)答○

予想問もあり！

キーポイントには波線、誤りの部分には下線で明示！

ベースにした過去問の出題年度と問題番号を明示

はしがき

この本の使い方

第3章　権　利

第4章　不服申立て

第5章　国際特許出願等

第6章　実用新案法

第1章

1 発 明

1 発明の定義

(1)「発明」とは、<u>自然法則</u>を利用した<u>技術的思想</u>の創作のうち、<u>高度のもの</u>をいう（2条1項）。

(2)発明は、「<u>自然法則を利用</u>」していなければならない。

⇨「発明」に該当しないものの例としては、①<u>自然法則自体</u>（例万有引力の法則）、②単なる<u>発見</u>であって<u>創作でないもの</u>、③<u>自然法則に反するもの</u>（例永久機関）、④<u>自然法則を利用していないもの</u>（例経済法則、人為的な取り決め、数学上の公式、人間の精神活動）が挙げられる。

(3)発明は、一定の<u>確実性</u>をもって同一結果を<u>反復継続</u>して実施できるものでなければならないが、100％までの確実性は<u>不要</u>である。

(4)「技術的思想」は、<u>抽象的</u>なものではなく、<u>具体化</u>されたものでなければならない。

⇨①<u>技能</u>（例投球方法）、②<u>情報の単なる提示</u>（例運動会のプログラム）は、「発明」に該当しない。

(5)「<u>創作</u>」とは、<u>新しいこと</u>を創り出すことであり、かつ、それが<u>自明の事柄でない</u>ことをいう。

2 発明の実施（2条3項各号）

(6)「<u>物の発明</u>」の実施とは、その物の<u>生産</u>、<u>使用</u>、<u>譲渡等</u>、<u>輸出</u>、<u>輸入</u>、<u>譲渡等の申し出</u>である。

(7)「<u>方法の発明</u>」の実施とは、<u>その方法の使用</u>である。

(8)「<u>物を生産する方法の発明</u>」の実施とは、その方法を<u>使用</u>すること、その方法により生産した物（<u>結果物</u>）の<u>使用</u>、<u>譲渡等</u>、<u>輸出</u>、<u>輸入</u>、<u>譲渡等の申し出</u>である。

学習日	月　日	月　日	月　日	月　日
正答数	／7	／7	／7	／7

○ 出た過去問！ 出る予想問！ **目標 4 分で答えよう** ○

❏ 抗ガン剤は、特許の対象である。[S59-42]　　　　☞(1)答○

❏ 新規な形状のサイコロを利用する<u>遊戯方法</u>は、特許の対象である。[S59-42]　　　　☞(2)答×

❏ 新品種のよもぎは、特許の対象となる。[予想問]　☞(3)答○

❏ ボールを指に挟む持ち方とボールの投げ方に特徴を有するフォークボールの投球方法は、特許の対象とならない。[予想問]　　　　☞(4)答○

❏ 「洋菓子の製造装置」に係る発明の特許権がある場合、当該特許発明の技術的範囲に属する洋菓子の製造装置を使用して製造した洋菓子についても、<u>その特許権の効力が及ぶ</u>。[H18-22]　　　　☞(6)答×

❏ 測定方法に係る特許発明（物を生産する方法の発明には該当しない。）についての特許権の効力は、<u>当該測定方法により測定された物を業として譲渡する行為に対しても及び、裁判所は、その物の譲渡の差止め及び廃棄を命じることができる</u>。[H22-33]　　　　☞(7)答×

❏ 薬を生産する方法の発明につき我が国で特許権の設定の登録がなされている場合、外国の製薬会社が外国で当該方法を使用して製造した薬を、当該特許権者の許諾を得ずに販売を目的として我が国に輸入する行為は、特許権の侵害となる。[H17-20]　　　　☞(8)答○

2 期間・延長

1 期　　間

(1)期間の初日は、算入しない。但し、その期間が午前0時から始まるときは、期間の初日として算入する（3条1項1号）。例法定期間の延長の初日

(2)期間の起算が月の始めから開始する場合は、暦どおりとする（3条1項2号第1文）。

(3)期間の起算が月の始めから開始しない場合は、翌日から期間を起算し、応答日の前日が満了日となる（3条1項2号第2文）。

(4)最後の月に応答する日がない場合は、その月の末日に満了する（3条1項2号但書）。

(5)期間の末日が特許庁の休庁日の場合は、次の開庁日まで手続期間が延長される。

⇨存続期間の満了日が休庁日でも、同日にする手続がないので、延長されない。

2 延　　長

(6)法定期間は、遠隔・交通不便の地にある者の請求又は職権で延長される（4条）。

⇨延長の対象となる期間は、① 46条の2第1項3号に規定する期間、②第1年〜第3年分の登録料納付期間、③拒絶査定不服審判の請求期間、④再審請求期間である。

(7)延長期間は、法定期間と一体となる。

(8)指定期間を延長できるのは、特許庁長官・審査官・審判長である（5条1項）。

(9)審判長は、指定期日を変更できる（5条2項）。

学習日	月 日	月 日	月 日	月 日
正答数	／7	／7	／7	／7

出た過去問！出る予想問！ 目標**4**分で答えよう

❏ 特許出願等に基づく優先権の主張（特許法第41条）を伴う出願について特許権の設定登録があった場合、特許法第67条第1項（存続期間）に規定される「特許出願の日から20年」は、当該優先権の主張を伴う特許出願の願書を提出した日の翌日から起算する。[H8-22]　☞(1)答○

❏ 4月30日に拒絶査定謄本の送達を受けた場合、拒絶査定不服審判の請求は3月間可能だから、7月の末日である7月31日（土曜・日曜などの休庁日ではないものとする）まで請求できる。[予想問]　☞(2)答○

❏ 応答日が2月30日に当たる場合は、2月の末日をもって期間は満了する。[予想問]　☞(4)答○

❏ 特許権の存続期間は、その期間の末日が行政機関の休日である場合には、その日の翌日をもってその期間の末日となる。[H29- 特実 14 改]　☞(5)答×

❏ 特許庁長官は、遠隔又は交通不便の地にある者のため、請求により又は職権で、特許出願について出願審査の請求をすることができる期間を延長することができる。[R1- 特実 8]　☞(6)答×

❏ 審査官は、特許法の規定により手続をすべき期間を指定したときは、請求により又は職権で、その期間を延長することができる。[H24-51]　☞(8)答○

❏ 特許庁長官は、指定期日を変更できる。[予想問]　☞(9)答×

1 法人格なき社団等の手続能力

(1)法人でない社団又は財団であって、代表者又は管理人の定めがあるもの（以下「法人格なき社団等」）は、その名で、<u>出願審査の請求</u>ができる（6条1項1号）が、その<u>取下げ</u>はできない。

(2)法人格なき社団等は、その名で、<u>特許異議の申立て</u>をすることができ（6条1項2号）、その<u>取下げ</u>もできる。

⇨法人格なき社団等は特許権者にはなれないので、特許異議の申立てを受けることは<u>ない</u>（6条2項参照）。

(3)法人格なき社団等は、その名で、<u>無効審判の請求ができる</u>（6条1項3号）が、<u>審査官の除斥・忌避の申立て</u>はできない。<u>審判官の除斥・忌避の申立てはできる</u>。

(4)法人格なき社団等は、<u>当事者参加</u>、<u>補助参加</u>のいずれもできると解される（6条1項3号参照）。

⇨また、<u>無効審判・延長登録無効審判の確定審決に対する再審請求</u>をすることも、再審請求をされることもある（6条1項4号・2項）。

(5)法人格なき社団等は、<u>査定系審判の確定した審決</u>に対し、再審請求をすることはできない。

(6)法人格なき社団等は、<u>登録料の納付</u>をすることができない。

(7)法人格なき社団等は、侵害訴訟の被告となれることから（民訴29条）、その対抗措置として<u>無効審判請求</u>ができる。

(8)法人格なき社団等は、<u>判定を請求することができない</u>。

学習日	月　日	月　日	月　日	月　日
正答数	／7	／7	／7	／7

○ 出た過去問！ 出る予想問！ 目標 **4** 分で答えよう ○

❏ <u>出願審査の請求を取り下げること</u>は法人でない社団であって、代表者又は管理人の定めがあるものがその名においてできる手続である。[S62-12]　　　　　　☞(1)答×

❏ 法人でない社団であって、代表者又は管理人の定めがあるものはその名において特許異議の申立を受けることはない。[S62 改]　　　　　　☞(2)答○

❏ 法人でない社団であって、代表者又は管理人の定めがあるものであっても、その名において、<u>特許異議の申立をすることはできない</u>。[H27-5]　　　　　　☞(2)答×

❏ 法人でない社団であって、代表者の定めがあるものは、その名において特許無効審判を請求することができる。[H22-47]　　　　　　☞(3)答○

❏ 審判官を忌避することは、法人でない社団又は財団であって、代表者又は管理人の定めがあるものが、その名においてできる手続である。[S62-12]　　　　　　☞(3)答○

❏ 法人でない社団又は財団であって、代表者又は管理人の定めのあるものは、審判の結果について利害関係を有する場合であっても、特許無効審判の請求人を補助するために、<u>その審判に参加することができない</u>。[H15-47]　　　☞(4)答×

❏ 法人でない社団であって、代表者の定めがあるものは、その名において、特許発明の技術的範囲について、特許庁に対し、<u>判定を請求することができる</u>。[H21-1]　　　☞(8)答×

■1 未成年者・成年被後見人の手続能力

⑴未成年者・成年被後見人は、<u>法定代理人</u>によらなければ、手続ができない（7条1項本文）。

⇨法定代理人の<u>同意</u>を得ても、単独で手続はできない。この点、通常の法律行為（<u>例</u>売買契約）とは異なる。

⑵成年被後見人がした手続でも、法定代理人等の<u>追認</u>（16条）により、有効となる場合がある。

⑶未成年者は、営業を許可された場合や婚姻をした場合には、<u>成年と擬制</u>されるため（民6条、民753条）、法定代理人によらなくても手続ができる（7条1項但書）。

■2 被保佐人の手続能力

⑷被保佐人は、<u>保佐人の同意</u>を得て、自ら手続ができる（7条2項）。

⇨権利化前の手続で、被保佐人が保佐人の同意なしにできる手続は、存在しない。

■3 保佐人・後見監督人の権限

⑸保佐人・後見監督人には、<u>代理権・追認権</u>はなく、<u>同意権</u>しかない。

⑹保佐人の同意は、追認（16条）同様、<u>一連の行為</u>について与えられるものであり、個々の行為に対して与えられるものではない。

⑺自己の特許権に対する<u>特許異議申立て</u>や、相手方からの<u>審判請求</u>等に対して、被保佐人・法定代理人が手続をするときは、保佐人・後見監督人の同意は<u>不要</u>である（7条4項）。

学習日	月　日	月　日	月　日	月　日
正答数	／7	／7	／7	／7

出た過去問！
出る予想問！ **目標 4 分で答えよう**

❑ 未成年者は、法定代理人の同意を得たとしても、特許出願に関する手続をすることはできない。ただし、未成年者は独立して法律行為をすることができる者ではないものとする。[H17-10] ☞(1)答○

❑ 成年被後見人が自らした手続は、その効力を生ずる場合がある。[H2-8] ☞(2)答○

❑ 未成年者は、原則として、法定代理人によらなければ特許無効審判を請求することができないが、未成年者が婚姻をしている場合は、その未成年者は特許無効審判を請求することができる。[H27-5] ☞(3)答○

❑ 特許出願について出願から査定が確定するまでにする手続に関し、被保佐人が保佐人の同意を得ずに手続をすることができる場合がある。[H3-11] ☞(4)答✕

❑ 保佐人及び後見監督人には、事前の同意権があるのだから、事後の追認権も有している。[予想問] ☞(5)答✕

❑ 保佐人は、被保佐人が利益となる行為に対してのみ同意を与えることができる。[予想問] ☞(6)答✕

❑ 被保佐人の特許権に係る特許に対して特許異議の申立てがされた場合、その被保佐人は、保佐人の同意を得ることなく、その特許異議の申立てについて手続をすることができる。[H27-5] ☞(7)答○

【参考】民法の成年年齢改正に関する改正点 [令和4年4月1日施行]
①成年年齢が18歳に引き下げられる。
②婚姻適齢が男女とも18歳となり、未成年婚・成年擬制の概念が消滅する。

1　特許管理人の権限

(1)在外者は、原則として、特許管理人を付さなければ手続ができない(8条1項)。

(2)在外者であっても、政令で定める次の場合には、特許管理人によらず、在外者自ら手続をすることができる。

　①特許管理人を有する在外者が日本国内に滞在している場合。

　②在外者が特許出願(分割・変更に係る特許出願及び実用新案登録に基づく特許出願を除く)その他経済産業省令で定める手続を自ら行う場合。

　③在外者が107条1項の規定による第4年以後の各年分の特許料の納付をする場合。

(3)特許管理人は委任代理人であるが、行政庁との手続の迅速かつ円滑化のため、特許庁に対する広範な代理権や行政庁がなした処分に対し不服がある場合の訴訟について代理権を有する(8条2項第1文)。

➯①差止請求の場合、②損害賠償請求の場合は、特別授権が必要である。

(4)在外者が特許管理人を付さないで出願をした場合に、補正が命じられることはない(17条3項参照)。

(5)国際特許出願の場合は、特許管理人の選任をしなくても、国内処理基準時までは、在外者自ら手続をすることができる(184条の11第1項)。

(6)特許管理人の代理権は、制限ができる(8条2項但書)。

学習日	月 日	月 日	月 日	月 日
正答数	／7	／7	／7	／7

出た過去問！
出る予想問！ **目標 4 分で答えよう**

❏ 日本国内に住所も居所も有しないで滞在もしていない日本人は、その日本人の特許に関する代理人であって日本国内に住所又は居所を有するものによらなければ、特許無効審判を請求することができない。[H25-1]　　　　☞(1)答○

❏ 特許管理人を有する在外者が日本国内に滞在している場合には、在外者本人が、手続をし、又は特許法に基づく命令の規定により行政庁がした処分を不服として訴えを提起することができる。[H29-特実14改]　　　　☞(2)①答○

❏ 特許権者が在外者である場合、その特許管理人は、<u>特別の授権を得ていない</u>時でも、特許権に基づいて差止請求権を行使することができる。[S57-17]　　　　☞(3)答×

❏ 在外者が特許管理人を付さずに特許出願をした場合には、<u>17条3項に違反し</u>、特許庁長官は出願人に対し補正を命じることができる。[予想問]　　　　☞(4)答×

❏ 国際特許出願では、日本国内に住所又は居所を有しない者であっても、特許管理人を選任せずに手続をすることができる場合がある。[H12-15改]　　　　☞(5)答○

❏ 特許管理人は、特許出願の取下げについて<u>常に本人を代理する</u>。[H9-5]　　　　☞(6)答×

❏ 日本国内に住所又は居所（法人にあっては営業所）を有しない者は、その者の特許に関する代理人であって日本国内に住所又は居所を有するものの代理権の範囲を制限することができる。[H23-35]　　　　☞(6)答○

6 代 理

1　委任代理権と法定代理権

(1)在内者の委任代理人は、特別授権を得なければ、次の事項(不利益行為)をすることができない(9条)。

　①特許出願の変更・放棄・取下げ

　②延長登録出願の取下げ　③請求・申請・申立ての取下げ

　④国内優先権の主張・取下げ

　⑤実用新案登録に基づく特許出願　⑥出願公開の請求

　⑦拒絶査定不服審判の請求　⑧特許権の放棄

　⑨復代理人の選任

(2)委任代理権は、本人の死亡によっては消滅しない(11条)。

⇨法定代理権は、本人の死亡によって消滅する。

(3)代理人が複数の場合は、各人が本人を代理する(12条)。

⇨本規定は強行法規である。代理人間で異なる取決めをしても、有効にはならない。

2　特許庁長官・審判長による命令

(4)特許庁長官又は審判長は、手続をする者が不適当な場合は代理人によるべき旨を、代理人が不適当な場合はその代理人を改任すべき旨を命じることができる(13条1項・2項)。

⇨審査官は、改任を命ずることができない。

(5)特許庁長官又は審判長は、改任を命じて、弁理士を代理人とすべきことを命ずることができる(13条3項)。

(6)特許庁長官又は審判長は、改任命令をした後に改任命令前の出願人、代理人が特許庁に対してした手続を却下することができる(13条4項)。

⇨弁理士が特許庁に対してした手続は、却下できない。

学習日	月 日	月 日	月 日	月 日
正答数	/6	/6	/6	/6

出た過去問！出る予想問！ 目標 **4** 分で答えよう

❏ 日本国内に住所又は居所を有する者であって手続をするものの委任による代理人は、特別の授権を得なくても、<u>出願公開の請求をすることができる</u>。[H22-47] ☞(1)⑥曆×

❏ 手続をする者の委任による代理人の代理権は、本人の死亡によっては、消滅しない。[H22-47] ☞(2)曆○

❏ 出願人が委任した代理人が複数存在し、当該複数の代理人の共同代理によってのみ代理されるべき旨の定めをしても、特許庁に対する手続上、その効力を生じない。[H30-特実4] ☞(3)曆○

❏ 手続をする者の委任による代理人が、手続をするのに不適当と認めるときは、<u>審査官はその改任を命ずることができる</u>。[H4-47] ☞(4)曆×

❏ 特許庁長官又は審判長は代理人が不適当である場合には、<u>弁理士を代理人とすべきことを命じなければならない</u>。[予想問] ☞(5)曆×

❏ 手続をする者がその手続をするのに適当でないものと審判長が認め、代理人により手続をすべきことを命じた場合、審判長は、その命令をした後に当該手続をする者が特許庁に対してした手続を<u>却下しなければならない</u>。[H15-47] ☞(6)曆×

7　複数当事者の相互代表

必ず出る！
基礎知識　**目標6分で覚えよう**

1　総　　論

(1) 2人以上が共同して手続をしたとき、次の事項（不利益行為）は、各人で手続することができない（14条）。

　①特許出願の変更・放棄・取下げ

　②延長登録出願の取下げ

　③請求・申請・申立ての取下げ

　④国内優先権の主張・取下げ

　⑤出願公開の請求

　⑥拒絶査定不服審判の請求

2　各　　論

(2) 上記(1)①〜⑥以外の事項であっても、代表者を定めた場合は、当該代表者しか手続をすることができない。

(3) 共同出願（38条）の場合、国内優先権の主張は、全員でする必要がある（14条）。

⇨但し、出願人の一方が、後の出願をするまでに特許を受ける権利の持分の譲渡・放棄をした場合には、単独で国内優先権の主張をすることができる。

(4) 共同出願（38条）の場合、分割出願は、全員でする必要がある（44条1項）。

⇨但し、出願人の一方が、分割出願をするまでに特許を受ける権利の持分の譲渡・放棄をした場合には、単独で分割出願をすることができる。

(5) 共同出願（38条）の場合、拒絶査定不服審判の請求は、全員でする必要がある（14条、132条3項）。

学習日	月　日	月　日	月　日	月　日
正答数	／6	／6	／6	／6

出た過去問！
出る予想問！ 目標 **4** 分で答えよう

❑ 複数の者が共同して特許出願をしたときは、代表者を定めて特許庁に届出をしている場合を除き、特許法第43条に規定されるパリ条約による優先権主張の手続については、各人が全員を代表してこれをすることができる。[H26-1]

☞(1)答○

❑ 特許出願人が複数である場合、当該特許出願についての出願公開の請求は、共同でしなければならない。ただし、代表者の定めはないものとする。[H14-57]　　　　☞(1)答○

❑ 拒絶理由通知に対する意見書の提出は、出願人が甲、乙共有の場合、各人で提出できるが、代表者を甲と定めた場合には甲しかできない。[予想問]　　　　　　　☞(2)答○

❑ 甲及び乙が共同でした特許出願Aに基づく優先権の主張を伴う特許出願Bを、乙が単独ですることができる場合はない。[H12-47]　　　　　　　　　　　　　☞(3)答×

❑ 甲、乙の共有に係る実用新案登録出願を特許出願に変更する場合には、甲、乙の全員でしなければならず、甲、乙の共有に係る特許出願を分割出願にする場合も、甲、乙の全員でしなければならない。[予想問]　　　　☞(4)答○

❑ 特許を受ける権利の共有者が共同でした出願に対し、拒絶をすべき旨の査定がなされ、拒絶査定不服審判の請求をする場合、代表者を定めて特許庁に届け出ていたときは、出願人全員が共同して審判の請求をしなくとも、代表者が審判の請求をすることができる。[R1- 特実 7]　☞(5)答×

8 補正総則

1 補正命令の主体・対象等

(1)特許法にいう「手続」とは、特許出願、請求その他特許に関する手続のことをいう（3条2項）。

(2)手続をした者は、事件が特許庁に係属している場合に限り、補正をすることができる（17条1項）。

⇨ 17条の2〜17条の5による補正は、17条の対象外である。

⇨ 17条1項の補正の対象となる書面は、願書・異議申立書・審判請求書・再審請求書等である。

⇨ 訂正審判、訂正請求の請求書に添付する訂正明細書等は、17条1項の補正の対象外である。

(3)外国語書面・外国語要約書面は、補正することができない（17条2項）。

(4)特許庁長官は、方式違反があった場合は、補正を命ずることができる（17条3項）。

⇨ 補正を命じなければならないわけではない。

⇨ 特許庁長官が補正を命ずるのであり、審査官が補正を命ずることはない。

2 補正書の種類

(5)手続の補正をする場合は、手続補正書による（17条4項）。

⇨ 但し、①手数料の補正の場合は、手数料補正書による。また、②外国語書面出願で誤訳を訂正する場合は、誤訳訂正書による。

学習日	月　日	月　日	月　日	月　日
正答数	／7	／7	／7	／7

出た過去問！
出る予想問！ 目標 **4** 分で答えよう

❏ 訂正審判の審判請求書に添付した訂正明細書等の補正は、特許庁に係属中、何時でもできる。［予想問］　☞(2)答✕

❏ 拒絶をすべき旨の査定を受けた者は、拒絶査定不服審判を請求するに際し、審判の請求の理由を審判請求書に記載しなければならず、その審判係属中には請求の理由の補正をすることができない。［H21-3］　☞(2)答✕

❏ 特許無効審判において訂正請求をした特許権者は、当該事件が特許庁に係属している限り、いつでも当該訂正請求書における請求の理由について補正をすることができる。ただし、出願は、外国語書面出願でも国際出願でもないものとする。［H14-49］　☞(2)答○

❏ 外国語書面出願の出願人は、当該外国語書面及び外国語要約書面を添付した願書の記載について補正をすることができない。［H19-5］　☞(2)答✕

❏ 外国語書面出願の出願人は、外国語書面についての誤記の訂正を目的とする場合には、外国語書面の補正をすることができる。［H28-6］　☞(3)答✕

❏ 審査官は、特許出願が特許法で定める方式に違反していることを発見したとき、その特許出願について補正をすべきことを命ずることができる場合がある。［H3-39］　☞(4)答✕

❏ 手続の補正をするには、誤訳訂正書を提出する場合を除き、必ず手続補正書を提出しなければならない。［H24-51］
　☞(5)答✕

実体補正の時期

1　拒絶理由通知前の実体補正の時期

(1)願書の補正と実体補正（願書に添付した明細書・特許請求の範囲・図面の補正）の時期は、異なる場合がある。

(2)願書は、事件が特許庁に係属中、補正をすることができる。

(3)実体補正は、原則として、拒絶理由が通知されるまでは、いつでもすることができる。

⇨但し、①外国語書面出願の場合は翻訳文提出後、②日本語特許出願の場合は国内書面の提出及び手数料の納付後、③外国語特許出願の場合は国内書面の提出、手数料の納付、翻訳文が提出され、国内処理基準時の経過後でなければ、実体補正はできない。

(4)特許出願人は、最初の拒絶理由通知を受ける前であれば、文献公知発明に係る情報の記載についての通知（48条の7）を受け、意見書を提出する機会として指定された期間が経過した後でも、実体補正をすることができる。

2　拒絶理由通知後の実体補正の時期

(5)拒絶理由が通知された場合は、次の期間内でなければ、実体補正をすることができない。

　①最初の拒絶理由通知の指定期間内。

　②拒絶理由通知を受けた後に、48条の7の通知を受けその規定により指定された期間内。

　③最後の拒絶理由通知の指定期間内。

　④拒絶査定不服審判の請求と同時に行う場合。

(6)2回目の拒絶理由通知であっても、上記(5)①の「最初の拒絶理由通知」と扱われる場合がある。

学習日	月　日	月　日	月　日	月　日
正答数	／5	／5	／5	／5

● 出た過去問！出る予想問！ 目標 **4** 分で答えよう ●

❏ 特許出願人が願書の補正をすることができるのは、願書に添付した明細書又は図面について補正をすることができる期間内に限られる。[S61-28]　　　　　　　☞(1)(2)答×

❏ 特許出願人は、出願審査の請求がなされる前においては、いつでも願書に添付した明細書、特許請求の範囲又は図面について補正をすることができる。ただし、特許出願は、国際特許出願でも外国語書面出願でもないものとする。
[H17-57]　　　　　　　　　　　　　　　　　　☞(3)答○

❏ 特許出願人は、最初の拒絶理由通知を受ける前であれば、特許法第48条の7の規定による通知（文献公知発明に係る情報の記載についての通知）を受け、同条の規定により意見書を提出する機会として指定された期間が経過した後でも、明細書等の補正をすることができる。[H27-51]

☞(4)答○

❏ 特許出願人は、審査官がした拒絶をすべき旨の査定に対して拒絶査定不服審判を請求する場合、その査定の謄本の送達があった日から3月以内であれば、その審判の請求と同時でなくても、願書に添付した明細書、特許請求の範囲又は図面について補正をすることができる。[H22-36]

☞(5)答×

❏ 最初の拒絶理由通知において指定された期間内に特許請求の範囲についての補正がなされた場合であっても、その後にされる拒絶理由通知が、最後の拒絶理由通知となるとは限らない。[H18-18]　　　　　　　　　　　☞(6)答○

10 実体補正の範囲

1 補正の範囲の制限（新規事項の追加は不可）

(1)補正においては、明細書、特許請求の範囲、図面とも、新規事項の追加（17条の2第3項）はできない。

2 拒絶理由通知前の特許請求の範囲の補正

(2)拒絶理由の通知前の特許請求の範囲の補正は、新規事項の追加（17条の2第3項）でなければ、有効である。

⇨外国語書面出願の場合、①補正書は翻訳文の範囲内、②誤訳訂正書は外国語書面の範囲内、③誤訳訂正書を提出したときは、翻訳文又は当該補正後の明細書、特許請求の範囲又は図面の範囲内で、補正書で補正ができる。

3 拒絶理由通知後の特許請求の範囲の補正

(3)最初の拒絶理由通知を受けた後の特許請求の範囲の補正には、新規事項の追加の禁止のほかに、シフト補正の禁止（17条の2第4項）の制限がある。

(4)①最初の拒絶理由通知で50条の2の通知がされた場合、②最後の拒絶理由通知がされた場合、③拒絶査定不服審判の請求と同時にする場合における特許請求の範囲の補正については、さらに制限される（17条の2第5項）。

⇨①新規事項の追加の禁止、②シフト補正の禁止のほかに、③補正の目的について、請求項の削除・特許請求の範囲の限定的減縮・誤記の訂正・拒絶理由に示す事項の明瞭でない記載の釈明という制限が課される。

(5)最後の拒絶理由通知の応答時、審判請求と同時の特許請求の範囲の補正で限定的減縮を目的とする場合は、独立特許要件を具備しなければならない（17条の2第6項）。

学習日	月　日	月　日	月　日	月　日
正答数	／5	／5	／5	／5

● 出た過去問！ 出る予想問！ 目標 **4** 分で答えよう ●

❏ 最後の拒絶理由通知がなされた場合、明細書、図面の補正は新規事項の追加とならなければ有効である。[予想問]

☞(1)答○

❏ 外国語書面出願における外国語書面に記載されているが、外国語書面の翻訳文には記載されていない事項を明細書に追加する補正をすることができる場合はない。[H16-42]　☞(2)答×

❏ 外国語書面出願において、誤訳訂正書により明細書、特許請求の範囲又は図面の補正をした後、最初の拒絶理由通知を受けた。このとき、手続補正書により明細書、特許請求の範囲又は図面について補正をすることができるのは、誤訳訂正書により補正された明細書、特許請求の範囲又は図面に記載した事項の範囲内においてする場合に限られる。
[H28-6]　☞(2)答×

❏ 拒絶査定不服審判の請求人が、その審判の請求と同時に特許請求の範囲の減縮を目的として、特許請求の範囲について補正をする場合、発明の産業上の利用分野及び解決しようとする課題を変えなければ、補正前の請求項に記載した発明を特定するために必要な事項を限定するものでなくとも、その補正をすることができる。[H20-41]　☞(4)答×

❏ 拒絶査定不服審判の請求と同時に願書に添付した明細書等の補正がされた場合、当該補正が誤記の訂正のみを目的とするとき、審判官は、補正後における特許請求の範囲に記載されている事項により特定される発明が特許出願の際、独立して特許を受けることができるか否か判断しなければならない。[H29-特実6改]　☞(5)答×

1 要約書の補正の時期 (17条の3)

(1)要約書は、経済産業省令で定める期間内(優先日から1年4月、出願日から1年4月以内)に補正ができる。

⇨但し、①出願公開の請求や、②国内書面提出期間内に出願人から出願審査の請求のあった外国語特許出願であって国際公開がされている場合は、補正ができない。

2 優先権主張書面の補正の時期 (17条の4)

(2)優先権主張書面は、経済産業省令で定める期間中、補正ができる。

3 訂正明細書等の補正の時期 (17条の5)

(3)特許異議申立事件における訂正した明細書等の補正の時期は、①取消理由の通知に対する意見書提出期間、②訂正拒絶理由の通知に対する意見書提出期間である。

(4)特許無効審判事件における訂正明細書等の補正をすることができる時期は、①審判請求書の副本の送達に伴う答弁書提出期間、②請求理由の補正に係る手続補正書の副本の送達に伴う答弁書提出期間、③訂正拒絶理由の通知に対する応答期間、④審決取消判決に伴う指定期間、⑤職権審理の結果の通知に対する応答期間、⑥審決の予告に伴う指定期間である。

⇨訂正の請求は、上記③訂正拒絶理由の通知に対する応答期間にすることはできない(134条の2第1項柱書参照)。

(5)訂正審判における訂正明細書等の補正は、原則として、審理終結通知まで可能である。但し、審理が再開された場合は、再度の審理終結通知まで可能である。

学習日	月　日	月　日	月　日	月　日
正答数	／7	／7	／7	／7

◉ 出た過去問！出る予想問！ 目標 **4** 分で答えよう ◉

❑ 特許出願の願書に添付した要約書については、特許出願人は、特許出願の日から1年4月以内であれば補正をすることができるが、出願公開の請求があった後は補正をすることができない。[H30-特実1]　　　　　　☞(1)㈎○

❑ 特許出願人は、経済産業省令で定める期間（特許出願の日から1年4月以内）であれば、常に、要約書の補正をすることができる。[予想問]　　　　　　☞(1)㈎×

❑ 優先権主張書面は、補正できない。[予想問]　　☞(2)㈎×

❑ 特許権者は、訂正拒絶理由の通知に指定された期間内に限り、訂正請求書に添付した訂正した明細書、特許請求の範囲又は図面を補正することができる。[H15-8]　☞(3)㈎×

❑ 特許無効審判事件における訂正の請求の時期と、訂正請求書に添付した訂正明細書等の補正の時期は全て一致する。[予想問]　　　　　　☞(4)㈎×

❑ 訂正審判において、請求人が、訂正審判の請求書に添付した訂正した明細書、特許請求の範囲又は図面について補正をすることができるのは、訂正拒絶理由通知（特許法第165条に規定する通知をいう。）において指定された期間内に限られる。[H21-8]　　　　☞(5)㈎×

❑ 訂正審判において、特許法第156条第1項に規定する審理の終結の通知があった後であっても、当該訂正審判の請求書に添付した訂正した明細書、特許請求の範囲又は図面について補正をすることができる場合がある。[H18-41]

☞(5)㈎○

必ず出る！基礎知識 目標 **6** 分で覚えよう

1 方式審査

(1)方式審査は、特許庁長官が行う(17条3項)。

(2)①7条1項〜3項違反、②9条違反、③方式違反、④手数料不納付の場合は、補正命令がなされ得る。

(3)補正期間は、特許庁長官により指定される。

⇨指定期間であり、法定期間ではない。

(4)補正命令に違反した場合に、その手続を却下するのは、特許長官の裁量である(18条1項)。

(5)特許権の設定の登録を受ける者が第1年〜第3年分の特許料を納付しなかった場合、特許庁長官は、補正命令をすることなく、その手続を却下することができる。

⇨実用新案の場合は、第1年〜第3年分の登録料を出願と同時に納付する。そのため、補正命令を出さないでいきなり却下するのは酷なので、補正を命じた後に却下の処分がなされる。

2 第三者の出願審査の請求と手数料不足

(6)第三者が出願審査の請求をした後に、出願人が補正したことによって請求項の数が増加したため手数料納付の補正を命じたにもかかわらず、出願人がその補正に応じない場合には、出願が却下され得る(18条2項)。

⇨出願人が出願審査の請求をし、補正により請求項の数が増加し、それに応じた料金を納付しない場合、出願審査請求を却下することができる。

⇨出願又は出願審査の請求を却下するか否かは、特許庁長官の裁量である。

学習日	月 日	月 日	月 日	月 日
正答数	／6	／6	／6	／6

出た過去問！
出る予想問！ 目標 **4** 分で答えよう

❑ 審査官は、特許出願が特許法で定める方式に違反していることを発見したとき、その特許出願について補正を命ずることができる場合がある。[H3-39]　　　☞(1)(2)答×

❑ 特許庁長官の手続補正命令に対し、補正書を提出することができる期間は、法定期間である。[予想問]　　　☞(3)答×

❑ 特許出願の際に出願人が提出した要約書に不備があることを理由として、特許庁長官が相当の期間を指定して手続の補正を命じたにもかかわらず、その期間内にその補正がされなかったとき、特許庁長官はその特許出願を却下しなければならない。[H12-15]　　　☞(4)答×

❑ 特許権の設定の登録を受ける株式会社甲が、特許法第108条第1項（特許料の納付期限）に規定する期間内に特許料を納付しない場合、特許庁長官は、当該特許出願を却下することができる。[H20-31]　　　☞(5)答○

❑ 出願人でない者が出願審査の請求をした後に、出願人によりなされた明細書についての補正により請求項の数が増加した。この場合において、出願人がその増加した請求項について納付すべき出願審査の請求の手数料を納付しなかったとき、特許庁長官は当該特許出願を却下することができる。[H14-49]　　　☞(6)答○

❑ 特許出願人が出願審査の請求をした場合において、特許庁長官は、当該手数料を納付すべきことを命じた特許出願人が指定期間内にその手数料を納付しないときは、その出願審査の請求を却下しなければならない。[H9-7]　　　☞(6)答×

13 発信主義

1 発信主義総論

(1)提出書類等について、期間の定めがある場合は発信主義、期間の定めがない場合は到達主義によるのが原則である。

(2)願書は、期間の定めがないが、発信主義が採られている（19条）。

(3)願書又は特許庁に提出する書類その他の物件であって、提出期間が定められているものは、発信した日時をもって特許庁に到達したものとみなされる。

⇨「推定される」のではない。

(4)発信主義は、郵便等で書類等を提出した場合の日時について、①郵便物の受領証により証明されているときはその日時に、②通信日付印により表示された日時が明瞭であるときはその日時に、③日のみが明瞭であって時刻が明瞭でないときは表示された日の午後12時に、それぞれ特許庁に到達したものとみなしている。

2 発信主義各論

(5)出願人が特許庁長官の補正命令によらず、補正書を自ら提出した場合（自発の場合）は、到達主義による。

(6)特許庁長官から補正を命じられ、それに対応して提出した補正書は、発信主義による。

(7)裁定請求は、期間の定めがないので、到達主義による。

⇨但し、先願権利者から後願権利者に対するクロス裁定は、答弁書提出期間にしかできず（92条4項）、期間が定まっているため、発信主義が採られる。

学習日	月 日	月 日	月 日	月 日
正答数	／8	／8	／8	／8

出た過去問！
出る予想問！ **目標 4 分で答えよう**

❏ 除斥申立書の提出期間は、発信主義による。[H1-20] ☞(1)答×

❏ 当該確定審決が前にされた確定審決と抵触することのみを理由とする再審請求書の提出期間は、発信主義による。
[H1-20] ☞(1)答×

❏ 特許権の存続期間の延長登録無効の審判の請求書の提出期間は、発信主義による。[H1-20] ☞(1)答×

❏ 出願人名義変更届の提出期間は、発信主義による。[H1-20]
☞(1)答×

❏ 願書は、出願の期間が定められていないため、到達主義が採られている。[予想問] ☞(2)答×

❏ 拒絶理由の通知に対する意見書を特許出願人が郵便により提出し、日本郵便株式会社の営業所に差し出した日時を郵便物の受領証により証明できない場合、その郵便物の通信日付印により表示された日時のうち日のみが明瞭であって時刻が明瞭でないときは、当該意見書は、表示された日の午後12時に特許庁に到達したものとみなされる。[R1-特実8] ☞(4)答○

❏ 補正書の提出は、常に発信主義による。[予想問] ☞(5)(6)答×

❏ 他人の特許発明を利用しなければ自己の特許発明を実施することができない特許権者が、特許庁長官に通常実施権の設定の裁定を請求したときに、その他人が特許庁長官に裁定の請求（いわゆるクロスライセンスの裁定）をする際に提出する裁定請求書は発信主義による。[S55-4] ☞(7)答○

14 手続の中断・中止

1 中断・中止の意義

(1)特許出願、請求その他特許に関する手続(3条2項：以下単に「手続」という)は、停止する場合がある。手続の停止には、手続追行者が変わる中断と、手続追行者が変わらない中止がある。

⇨中断の場合は、受継がある。

⇨決定、査定又は審決謄本送達後に中断された手続については、受継を許す場合も許さない場合も、決定をしなければならない。

⇨受継の判断については、不服申立てが可能である。

2 中断の効果

(2)中断後に受継を命じたが、その期間内の届け出がない場合には、受継があったものとみなすことができる(23条2項)。

⇨受継の届け出がない場合でも、手続が進行する場合がある。

(3)本人が死亡した場合、手続は中断する。

⇨但し、委任代理人がいる場合は、中断しない。

(4)委任代理人が死亡した場合、手続は中断しない。

⇨本人が手続できるからである。

(5)相続放棄ができる間は、権利関係が不確定な状況にあるから、手続の受継はできない。

(6)手続をする者が破産した場合は、委任代理人がいても中断する。

(7)期間は、受継の通知・続行の時から、全期間が進行する。

学習日	月 日	月 日	月 日	月 日
正答数	／8	／8	／8	／8

◉ 出た過去問！ 出る予想問！ 目標 **4** 分で答えよう ◉

❏ 審決の謄本の送達後に中断した手続について受継の申立てがあったとき、審判官は、受継の<u>申立てに理由がないと認めるとき以外は、決定をしなくてよい。</u>[H13-21] ☞(1)答✕

❏ 査定謄本の送達後に中断した手続について、その受継の申立は成り立たない旨の決定に対しては行政不服審査法の審査請求の対象となる。[H2-45 改] ☞(1)答○

❏ 法人が手続をすべき法定間中に合併により消滅し、手続が中断した場合、合併により設立した法人又は合併後存続する法人が受継の手続をしない限り、<u>その法定期間が進行することはない。</u>[H5-1] ☞(2)答✕

❏ 法人甲の委任による代理人乙によって、法人甲が拒絶査定不服審判を請求し、その後に、法人甲が法人丙に吸収合併されたときであっても、代理人乙がある間は、審判の手続は中断しない。[H14-13] ☞(3)答○

❏ 委任代理人が死亡し又は辞任したときは、新たな委任代理人が手続の受継をするまでは手続は<u>中断する。</u>[S63-32] ☞(4)答✕

❏ 当事者が死亡したとき、相続人は、相続の放棄をすることができる間は、手続の受継ができない。[S57-1] ☞(5)答○

❏ 特許出願人が破産手続開始の決定を受けた時、委任による代理人があっても手続は中断する。[S63-32] ☞(6)答○

❏ 手続の中断がなされた場合、受継の通知等から法定期間は改めて、全期間が進行する。[S62-25] ☞(7)答○

15 受継の手続等

1 受継の手続

(1)受継の申立ては、相手方もすることができる。

(2)特許庁が前の権利者に対してした手続は、承継人に対して再度手続をしなおす必要がない(20条)。

(3)特許庁長官又は審判官は、受継期間の経過の日に受継があったものとみなすことができる(23条2項)。

(4)特許庁長官又は審判長は、受継があったとみなした場合は、その旨を相手方に通知しなければならない(23条3項)。

⇨審査官・審判官が通知するケースは存在しない。

(5)手続は、承継人に対して続行してもよく、あるいは原権利者に対して続行しても差し支えない(21条)。

2 原簿登録事項

(6)存続期間の延長は、原簿登録事項である(27条1項1号)。

⇨①延長登録出願、②67条の6の書面の提出、③延長登録のいずれについても公報掲載事項であるが、原簿登録は、最終処分である③のみである。

(7)特許権の専用実施権の設定に関する原簿登録は、登録権利者と登録義務者の共同申請で行う。

⇨行政効率の観点から、登録官には実質的審査権限が与えられていないため、誤った登録を防止するのがその目的である。

⇨この場合、登録権利者は専用実施権の設定契約を受けた者、登録義務者は特許権者である。

学習日	月 日	月 日	月 日	月 日
正答数	／7	／7	／7	／7

出た過去問！
出る予想問！ 目標 **4** 分で答えよう

❏ 特許無効審判の被請求人である法人が、合併により消滅しその審理手続が中断した場合、当該請求人は、当該特許権者となった合併後相続法人による審理手続の受継の申立をすることができる。[H6-27]　　　☞(1)圀○

❏ 甲の特許出願について拒絶の理由が通知された後、当該特許出願に係る特許を受ける権利が甲から乙に移転された場合、審査官は、乙に対して、あらためて拒絶の理由を通知しなければならない。[H26-35]　　　☞(2)圀×

❏ 特許庁長官又は審判官は、中断した審査、特許異議の申立てについての審理及び決定、審判又は再審の手続を受け継ぐべき者が受継を怠ったときは、申立てにより又は職権で、相当の期間を指定して、受継を命じなければならず、指定した期間内に受継がないときは、受継を命じた日に受継があったものとみなすことができる。[R1-特実8]　☞(3)圀×

❏ 審判官は、受継があったものとみなしたときは、その旨を当事者に通知しなければならない。[H20-31改]　☞(4)圀×

❏ 甲が特許を受ける権利を乙に譲渡した場合、特許庁長官は甲又は乙に対して手続を続行できる。[予想問]　☞(5)圀○

❏ 特許権の延長登録の出願があったときは、その旨は、常に当該特許原簿に登録される。[H4-8]　　　☞(6)圀×

❏ 特許権についての専用実施権の設定の登録は、当該特許権者を登録権利者としてその専用実施権の設定の登録を受ける者を登録義務者として申請しなければならない。[H1-24]

☞(7)圀×

第2章

審査等

1 産業上利用可能性・新規性

1 産業上の利用可能性

(1)産業上の利用可能性(29条1項柱書)とは、何らかの産業における利用可能性があればよいことを意味する。

⇨医薬品、医療機器は、産業上の利用可能性を有する。一方、医療行為(人間を手術、治療又は診断する方法)は、産業上の利用可能性を有しないと解されている。

2 新 規 性

(2)「公然知られた」(29条1項1号)とは、秘密の域を脱した状態をいう。

⇨知得した人数は問題ではないが、不特定者に知られた場合は、公知になる。

⇨秘密保持義務を負う者に知られても、それだけでは公知にならない。

(3)「公然実施」(29条1項2号)とは、その内容が公然知られる状況又は公然知られるおそれのある状況で実施されることをいう。

⇨公衆に実際に認識されたかどうかは、問題ではない。

(4)「頒布」(29条1項3号)とは、刊行物が不特定多数の者が見得る状態におかれることをいう。

⇨現実に誰かがその刊行物を見たという事実を要しない。

(5)「刊行物」(29条1項3号)に該当するためには、①公開性、②情報性、③頒布性が必要である。

(6)公衆の閲覧に供されているマイクロフィルムは、複写物の交付が可能であれば、「頒布された刊行物」(29条1項3号)に該当する。

○ 出た過去問! 出る予想問! **目標4分で答えよう** ○

❏ 甲は、「人の白内障の手術方法」である発明イについて特許出願Aをした。イが特許法第29条第1項各号に掲げる発明に該当せず、当業者がAの出願前に同法第29条第1項各号に掲げる発明に基づいて容易に発明をすることができたものでもない場合、Aは同法第29条の規定により拒絶されることはない。[H20-20]　　　　　☞(1)答×

❏ 痛みを伴わない人体の手術方法は、特許の対象とはならない。[S61-33]　　　　　☞(1)答○

❏ 甲は、自らした発明イについて特許出願Aをしたが、Aの出願の日前に、大学の講義の中でイの内容を詳細に解説していた。当該講義に出席していた受講者は3人であった。この場合、Aは当該甲の講義により特許法第29条第1項各号のいずれかに掲げる発明であることを理由として拒絶されることがある。[H20-20]　　　　　☞(2)答○

❏ 物の発明に係る商品がデパートの売り場に展示された場合でも、その商品が販売された事実がないときは、その発明は、常に、特許法29条第1項第2号にいう「公然実施をされた発明」に該当しない。[S58-12]　　　　　☞(3)答×

❏ 公共の図書館に受け入れられた外国の学会誌は、現実に誰かがその学会誌を閲覧した事実がないときは、特許法29条第1項第3号にいう「頒布された刊行物」に該当しない。[S58-12]　　　　　☞(4)(5)答×

❏ 公衆の閲覧に供されているマイクロフィルムは、複写物の交付が可能だとしても、特許法第29条第1項第3号の刊行物とは言えない。[H17-43]　　　　　☞(6)答×

1 意に反する公知

(1)「意に反して」公知となった場合は、公知日から1年以内に出願すれば、新規性を喪失しない(30条1項)。

⇨公知事実を知った日から1年以内ではない。

⇨優先権主張を伴う出願の場合も、公知日から1年以内に出願しなければならない。

(2)「その者」(30条1項・2項)とは、特許を受ける権利を有する者をいう。また、承継した者も新規性喪失の例外規定の適用を受けることができることを意味する。

2 行為に起因した公知

(3)「行為に起因して」公知となった場合は、原則として、意に反した公知行為と同様に扱われる(30条2項)。

⇨但し、特許公報等に掲載された場合は、救済されない(30条2項かっこ書)。

(4)公知発明等と出願発明との同一性は、問わない。

(5)「行為に起因して」公知となった場合(30条2項)は、公知日から1年以内に出願をし、その旨を記載した書面を出願と同時に提出し、かつ、証明書を出願から30日以内に提出しなければならない(30条3項)。

⇨証明書の提出期間(30日)については、不責事由による追完があり(30条4項)、不責事由消滅日から14日(在外者は2月)以内で期間経過後6月以内なら提出可能である。

⇨国際特許出願の場合は、「国内処理基準時の属する日後経済産業省令で定める期間内」に、その旨・証明書を提出できる(184条の14)。

学習日	月 日	月 日	月 日	月 日
正答数	／5	／5	／5	／5

2章

新規性喪失の例外

出た過去問！ 出る予想問！ 目標 **4** 分で答えよう

❏ 発明者の意に反して当該発明が特許法 29 条第 1 項第 1 号に該当するに至ったとき、その発明者がその事実を知った日から 1 年以内にその発明について特許出願をすれば、その発明について、常に同法第 30 条第 1 項の規定の適用を受けることができる。[H10-44 改]　☞(1)答✕

❏ 発明を刊行物に発表した後、発表日から 1 年以内に、その発明についてパリ条約の同盟国において第一国出願を行った者が、その発表日から 1 年経過後に、日本国において、当該出願に基づいてパリ条約による優先権の主張を伴う特許出願をする場合、発明の新規性の喪失の例外の規定（特許法第 30 条）の適用を受けることはできない。[H22-1 改]　☞(1)答○

❏ 甲は、平成 24 年 7 月 12 日に日本国内で開催された学会で自らした発明イを発表し平成 24 年 7 月 26 日に発明イに係る特許を受ける権利を乙に譲渡した。この場合、乙は、甲の学会発表の日から 1 年以内であれば、発明の新規性の喪失の例外の規定（特許法第 30 条）の適用を受けて特許出願をすることができる。[H26-50]　☞(2)(3)答○

❏ 特許公報に掲載され公知になった発明についても、新規性喪失の例外の適用を受けることができる。[予想問]　☞(3)答✕

❏ 新規性喪失の例外は、同一の発明のみならず、容易に発明をすることができた場合にも適用される。[H12-39 改]　☞(4)答○

1 先願主義

(1)先願主義の趣旨は、<u>重複特許</u>の防止である。

⇨先願の特許請求の範囲と後願の特許請求の範囲に<u>同一性</u>があれば、39条の適用を受ける。

⇨先願が<u>外国語書面出願</u>の場合は、外国語書面の特許請求の範囲の<u>翻訳文</u>が引例となる。

(2)出願日が<u>同日</u>の場合は、協議で定めた一の出願人のみが特許を受けることができる(39条2項)。

⇨協議を命じるのは、<u>特許庁長官</u>である。

⇨特許庁長官は、協議の届出がないときは、<u>協議不成立</u>とみなすことができる(39条7項)。その結果、両者共に特許権を得ることができない。

2 先願の地位

(3)特許出願が<u>放棄</u>・<u>取下げ</u>・<u>却下</u>された場合は、先願の地位が残らない(39条5項本文)。

⇨①<u>無効審決</u>が確定した場合、②<u>特許権</u>を放棄した場合は、先願の地位が残る。

(4)<u>拒絶査定</u>・<u>審決</u>が確定した出願は、原則として、先願の地位が残らない(39条5項本文)。

⇨<u>同日出願の協議不調・不能</u>により拒絶査定が確定した場合は、先願の地位が残る(39条5項但書)。

(5)<u>冒認出願</u>(49条7号)で<u>拒絶査定</u>が確定した場合は、先願の地位は残らない。

⇨冒認出願(123条1項6号)で無効審決が確定した場合は、先願の地位が残る。

2章

先願主義

出た過去問！出る予想問！ 目標 **4** 分で答えよう

❏ 先願主義の趣旨は重複特許の防止である。［予想問］ ☞(1)答○

❏ 甲は、自らした発明イを特許請求の範囲に記載して特許出願Aをするとともに出願審査の請求をし、乙は、出願Aと同日に、自らした発明イを特許請求の範囲に記載して特許出願Bをするとともに出願審査の請求をした。特許庁長官は、甲及び乙に協議をしてその結果を届け出るべき旨を命じた。この場合、乙が協議に応じないときは、出願Aについて特許査定がされ、出願Bについて拒絶の査定がされることがある。［H27-57］ ☞(2)答×

❏ 甲は、発明イについて特許出願Aをし、乙は出願Aと同日に発明イについて特許出願Bをした。この場合、審査官は、特許法第39条第6項に基づき、相当の期間を指定して、協議をしてその結果を届け出るべき旨を甲及び乙に命じなければならない。［H26-47］ ☞(2)答×

❏ 甲は、甲がした発明イ、ロに係る特許出願Aの出願の日後でかつAの出願公開前に、ロに係る特許出願Bをした。この場合、Aが放棄されたときは、Bは、Aを先願として特許法第39条の規定により拒絶されることはない。［H15-20］
☞(3)答○

❏ 特許を受ける権利を有する者がした特許出願が特許法第39条第1項に規定する先願としての地位を有するのは、その特許出願が放棄され、又はその特許出願に係る発明について特許がされた場合である。［S60］ ☞(3)答×

❏ 拒絶審決の確定、冒認に対し無効審決が確定した場合でも先願の地位が残る場合がある。［予想問］ ☞(4)(5)答○

1 29条の2の適用要件

(1) 29条の2は、後願の出願後に<u>出願公開</u>等された先願の願書に最初に添付した<u>明細書等</u>に記載された同一の発明についての後願は拒絶する旨を規定している。

⇨ ①出願公開等がされたときは、その後に先願が<u>取下げ</u>等された場合でも、29条の2は適用される。②先願の願書に最初に添付した明細書等であるから、出願後に補正によって削除された事項でも、引例となる。

(2) 先願が外国語書面出願・外国語特許出願の場合は、その<u>外国語書面</u>・<u>原文</u>が引例となる。

(3) 先願が外国語特許出願の場合は、<u>国際公開</u>が要件となる (184条の13)。

⇨ <u>国内公表</u>が要件ではない。

⇨ 翻訳文未提出で<u>取下擬制</u>された場合は、29条の2の引例とならない (184条の13かっこ書)。

2 29条の2の適用除外

(4) 先願の<u>発明者</u>と後願の<u>発明者</u>が同一の場合、29条の2は適用されない (29条の2本文かっこ書)。

(5) 先願の<u>出願人</u>と後願の<u>出願人</u>が同一の場合、29条の2は適用されない (29条の2但書)。冒認であっても、<u>発明者</u>が異なる場合、29条の2の引例となる場合がある。

⇨ 「出願人が同一」とは、<u>完全一致</u>を意味する。

⇨ 「出願人が同一」の判断時期は、<u>後願の出願時</u>である。

(6) 先願と後願の<u>出願日</u>が同日の場合は、29条の2は適用されない。

学習日	月　日	月　日	月　日	月　日
正答数	／4	／4	／4	／4

◎ 出た過去問！出る予想問！ 目標**4**分で答えよう ◎

❏ 出願公開がされた特許出願の願書に最初に添付した、明細書又は図面に記載されていた発明が出願公開前に補正により削除されたときその発明についてはいわゆる拡大された先願の地位を有する場合はない。[S60-20] ☞(1)圀×

❏ 甲がした外国語書面出願Aの願書に添付した外国語書面には甲が自らした発明イが記載されていたが、その翻訳文には発明イが記載されていなかった。乙は、自らした発明イについての特許出願Bを、出願Aの出願の日後、出願Aの出願公開前にした。この場合、出願Aについて出願公開がされても、出願Bは、出願Aをいわゆる拡大された範囲の先願として特許法第29条の2の規定によって拒絶されることはない。[H23-10] ☞(2)圀×

❏ 特許を受ける権利を有しない者がした特許出願について出願公開されたとき、その特許出願の願書に添付した明細書及び図面に記載された発明は、いわゆる拡大された範囲の先願の地位を有する場合はない。[H6-24] ☞(5)圀×

❏ 甲は、特許出願Aをし、その願書に添付した特許請求の範囲に自らした発明イを記載した。乙は、特許出願Bをし、その願書に添付した特許請求の範囲に自らした発明ロを記載し、その明細書の発明の詳細な説明のみに、自らした発明イを記載した。A及びBは、同日に出願され、その後、出願公開がされた。この場合、AとBの双方について特許をすべき旨の査定がされることがある。[H20-15] ☞(6)圀○

5 特許を受ける権利総論

1 特許を受ける権利の性質

(1)特許を受ける権利は、出願の前後を問わず、移転することができる (33条1項)。

⇨「移転」には、一般承継・特定承継ともに含まれる。

(2)特許を受ける権利は、質権の目的とすることができない (33条2項)。

(3)特許を受ける権利は、抵当権の目的とすることはできないが、譲渡担保の目的とすることは認められている。

2 特許を受ける権利の共有

(4)特許を受ける権利が共有に係るときは、各共有者は、他の共有者の同意を得なければ、その持分を譲渡することができない (33条3項)。

⇨「譲渡」には、一般承継は含まれない。すなわち、各共有者は、他の共有者の同意がなくても一般承継でき、他の共有者の同意がなければ特定承継はできない。

(5)特許を受ける権利が共有に係るときは、各共有者は、他の共有者の同意を得なければ、特許を受ける権利に基づいて取得すべき特許権について、仮専用実施権を設定し、又は他人に仮通常実施権の許諾をすることができない (33条4項)。

⇨仮専用実施権等を設定等する対象は、将来成立すべき特許権である。また、その設定等をなしうる範囲の外延は、補正等を経て将来特許権が成立する可能性のある範囲である。

(6)共有持分比率が1％でも、各共有者の同意が必要である。

出た過去問！ 出る予想問！ 目標 **4** 分で答えよう

❏ 特許を受ける権利は、特許出願前においては、<u>実施の事業とともにする場合に限り</u>、譲渡により移転することができる。[H18-33]　　　　　　　　　　　　　　☞(1)答×

❏ 特許を受ける権利は、特許出願前においては、質権の目的とすることができないが、特許出願後においては、<u>質権の目的とすることができる</u>。[H18-33]　　　　☞(2)答×

❏ 特許を受ける権利は、抵当権の目的とすることができない。[H25-15]　　　　　　　　　　　　　　　　　☞(3)答○

❏ 特許を受ける権利は、質権の目的とすることはできないが、譲渡担保の目的とすることができる場合がある。[H19-29]　　　　　　　　　　　　　　　　　　　　☞(3)答○

❏ 特許を受ける権利が共有に係るとき、各共有者の持分の相続その他の一般承継については、他の共有者の同意を要しない。[S60-26]　　　　　　　　　　　　　　☞(4)答○

❏ 特許を受ける権利が共有に係るとき、特許出願前においては、各共有者は、<u>他の共有者の同意を得た場合であっても</u>、その持分を<u>譲渡することができない</u>。[H18-33]　☞(4)答×

❏ 甲、乙及び丙が特許を受ける権利を共有し、その持分の比率は、8：1：1である。この場合、甲は、乙及び丙の同意を得なければ、その特許を受ける権利に基づいて取得すべき特許権について、丁に仮通常実施権を許諾することができない。[H21-12]　　　　　　　　　☞(5)(6)答○

特許を受ける権利の移転

1　特許出願前の承継

(1)特許出願前の承継は、出願が第三者対抗要件である（34条1項）。

⇨一般承継・特定承継を問わず、出願が第三者対抗要件である。

(2)特許出願前の承継で二重譲渡がなされた場合は、先に出願をした者が第三者に対抗できる。同日出願の場合は、協議により定められた者が第三者に対抗できる（34条2項）。時、分までは関係ない。

⇨実用新案との間でも、同様に処理される。

2　特許出願後の承継

(3)特許出願後の承継は、特許庁長官に届け出ることが効力発生要件である。

⇨一般承継の場合は、届け出をしなくても承継の効力は生じるが（34条4項）、遅滞なく特許庁長官に届け出をしなければならない（34条5項）。

(4)特許出願後の承継で二重譲渡がなされた場合は、先に特許庁長官に届け出た者に効力が生じる。

⇨届け出が同日の場合、協議により定めた者の届け出のみが有効となる（34条6項）。

学習日	月　日	月　日	月　日	月　日
正答数	／6	／6	／6	／6

2章

特許を受ける権利の移転

● 出た過去問！ 出る予想問！ **目標4分で答えよう** ●

❏ 特許出願前における特許を受ける権利の相続は、その相続人が特許出願をしなければ、第三者に対抗ができない。
[S60-26] ☞(1)答○

❏ 同一の者から承継した同一の発明及び考案についての特許を受ける権利及び実用新案登録を受ける権利について<u>同日に特許出願及び実用新案登録出願があったときは、時、分を考慮して最先の出願をした者以外の者の承継は、第三者に対抗することができない。</u>[R1- 特実 14] ☞(2)答×

❏ 同一の者から承継した同一の特許を受ける権利について同<u>日に2以上の特許出願があったときは、特許出願人の協議により定めた者以外の者の承継は、その効力を生じない。</u>
[H15-31] ☞(2)答×

❏ 特許出願後における<u>法人の合併</u>による特許を受ける権利の承継は、<u>特許庁長官に届け出なければ、その効力を生じない</u>。[H14-57] ☞(3)答×

❏ 特許出願後における特許を受ける権利の相続による承継については、必ず、特許庁長官に届け出なければならない。
[H20-42] ☞(3)答○

❏ 同一の者から承継した同一の特許を受ける権利の承継について同日に2以上の届出があったときは、届出をした者の協議により定めた者以外の者の届出は、その効力を生じない。[H15-31] ☞(4)答○

1 仮専用実施権

(1)外国語書面出願の場合は、外国語書面の翻訳文に記載した事項の範囲内において仮専用実施権の設定、仮通常実施権の許諾ができる (17条の2第3項かっこ書)。

(2)外国語書面出願は、誤訳訂正書を提出して明細書、特許請求の範囲又は図面について補正をした場合にあっては、当該翻訳文又は当該補正後の明細書、特許請求の範囲若しくは図面に記載した事項の範囲内で、仮専用実施権の設定、仮通常実施権の許諾ができる。

(3)仮専用実施権は、①実施の事業とともにする場合、②特許を受ける権利を有する者の承諾を得た場合、③一般承継の場合に限り、移転することができる (34条の2第3項)。

⇨専用実施権の移転と同様である (77条3項)。

(4)仮専用実施権者は、特許を受ける権利を有する者の承諾を得た場合、他人に仮通常実施権を許諾することができるが、仮専用実施権の設定はできない (34条の2第4項)。

(5)特許を受ける権利の譲渡に、仮専用実施権者・仮通常実施権者の承諾は不要である。

2 仮通常実施権

(6)原出願に仮通常実施権が付されている場合、特約がなければ、変更出願に同様の範囲の仮通常実施権が許諾されたものとみなされる (34条の3第8項・9項)。

(7)仮通常実施権も、当然対抗制度である (34条の5)。

(8)仮通常実施権は、質権の対象とならない。仮専用実施権も、登録制度があるが、質権の対象とならない。

◉ 出た過去問！ 出る予想問！ **目標 4 分で答えよう** ◉

❏ 外国語書面出願は、<u>外国語書面の範囲内で常に</u>、<u>仮専用実施権を設定することができる</u>。[予想問]　　　☞(1)<u>答</u>×

❏ 外国語書面出願の場合、誤訳訂正書を提出して明細書、特許請求の範囲又は図面を補正した場合には、翻訳文又は当該補正後の明細書、特許請求の範囲若しくは図面に記載した事項の範囲内で、仮専用実施権の設定をすることができる。[H29- 特実 13 改]　　　☞(2)<u>答</u>〇

❏ 仮専用実施権は<u>一般承継できない</u>。[予想問]　　　☞(3)<u>答</u>×

❏ 仮専用実施権者は、他人に対して<u>さらに仮専用実施権を設定することができる</u>。[H26-25 改]　　　☞(4)<u>答</u>×

❏ 特許出願人甲は、自己の特許を受ける権利に基づいて取得すべき特許権について、乙のため仮専用実施権を設定し、その登録がされている。この場合において、<u>甲が、当該特許を受ける権利を丙に譲渡するときは、乙の同意を得なければならない</u>。[H21-12]　　　☞(5)<u>答</u>×

❏ 仮通常実施権者は、その仮通常実施権の許諾後に、かつ、その仮通常実施権の許諾がされた特許を受ける権利に基づいて取得すべき特許権の設定登録がされるよりも前に、当該特許を受ける権利を取得した者に対しても、その効力を有する。[H27-19]　　　☞(7)<u>答</u>〇

❏ 仮通常実施権が甲及び乙の共有に係る場合、甲は、特許を受ける権利を有する者の承諾を得るとともに、乙の同意を得れば、その<u>仮通常実施権の甲の持分を目的として質権を設定することができる</u>。[H22-11]　　　☞(8)<u>答</u>×

必ず出る！基礎知識 目標 6 分で覚えよう

1 共同発明の成立要件

(1)共同発明は、発明の成立過程を、着想の<u>提供</u>と着想の<u>具体化</u>の2段階に分けて判断する。そして、新しい着想を提供した甲とそれを具体化した乙との間に<u>一体的・連続的な協力関係</u>があれば、共同発明となり得る。

⇨単なる<u>管理者・補助者・後援者・委託者</u>は、共同発明者たり得ない。

2 共同発明と出願

(2)共同発明の場合、<u>共同で</u>出願をしなければならない。

⇨但し、出願前までに特許を受ける権利の持分を他の共有者に<u>譲渡</u>していた場合は、<u>単独で</u>出願することができる。

(3)共同出願違反は<u>拒絶理由・無効理由</u>であるが、<u>異議申立て理由ではない</u>。

⇨異議申立ては、<u>公益的見地</u>から<u>特許庁自ら</u>が再度審理をし直す制度であり、当事者間の紛争に過ぎない共同出願違反・冒認は、異議申立て理由ではない。

⇨無効審判は、<u>私人間の紛争</u>を解決するためのものだから、共同出願違反・冒認も無効理由となる。

(4)共同出願違反は、無効理由であるが、74条で持分の<u>移転請求</u>がなされた場合には、無効審判の請求もできない。

(5)共同出願違反を根拠に無効審判の請求をできる者は、<u>特許を受ける権利を有する者</u>のみであるが、104条の3の抗弁の提出は、それ以外の者もできる(123条2項かっこ書、104条の3第3項)。

出た過去問！出る予想問！ 目標 **4** 分で答えよう

❏ 発明イについて甲、乙が特許を受ける権利を共有する場合、乙が発明イについて共同して特許出願をすることも特許を受ける権利の持分を譲渡することも拒否したときには、甲は単独で、発明イについて特許出願をすることができる。
[H2-14] ☞(2)答×

❏ 甲、乙が共同で発明をした場合、当該発明についての特許出願は、常に甲、乙が共同でしなければならない。[H14-57]
☞(2)答×

❏ 特許を受ける権利が共有に係るものであるにもかかわらず、共有者の全員が共同して出願していない特許出願に対して特許がされたことを理由として、特許異議の申立をすることはできない。[H8-7] ☞(3)答○

❏ 特許を受ける権利が共有に係る場合に、共有者の一人が単独で特許出願をしたことは、審査における拒絶理由となり、また特許無効審判における無効理由となる。[H26-50]
☞(3)答○

❏ 共同出願違反でも、無効審判請求ができない場合がある。
[予想問] ☞(4)答○

❏ 特許権侵害訴訟における被告は、当該被告が当該特許に係る発明について特許を受ける権利を有する者でなくても、共同出願違反の無効理由に基づいて、特許法第104条の3第1項の規定による抗弁を主張することができる。[H26-32改] ☞(5)答○

9 職務発明の使用者の権利等

必ず出る！
基礎知識　目標 **6** 分で覚えよう

1 職務発明に関する使用者の権利

(1)職務発明の場合、使用者等には<u>無償の法定通常実施権</u>が発生する (35条1項)。

(2)同一企業内において職務が変わった場合、<u>転任前の職務</u>に属する発明を転任後にした場合も<u>職務発明</u>に該当し、使用者等は無償の法定通常実施権を有する。

⇨従業者が、<u>過去</u>に勤務していた甲会社の時代の職務上の経験に基づいて現在勤務している乙会社において発明を完成した場合、<u>甲会社</u>は、その特許権について法定通常実施権を有しない。

2 職務発明の場合の事前取得・事後承継

(3)職務発明の場合、使用者等と従業者等との間であらかじめ、特許を受ける権利を<u>取得・承継</u>させる契約をすることができる (35条2項反対解釈)。

⇨職務発明でない場合、当該契約は<u>無効</u>である。

(4)職務発明でない場合でも、特許を受ける権利の<u>事後承継</u>は可能である (35条2項反対解釈)。

3 権利の移転

(5)職務発明による通常実施権は、①実施の事業と<u>ともに</u>する場合、②特許権者の<u>承諾</u>がある場合、③<u>一般承継</u>の場合に、移転をすることができる (94条1項)。

⇨②の場合、専用実施権者の承諾は<u>不要</u>である。

学習日	月 日	月 日	月 日	月 日
正答数	／6	／6	／6	／6

2章

職務発明の使用者の権利等

● 出た過去問！ 出る予想問！ 目標 **4** 分で答えよう ●

❏ 株式会社の従業員が、その職務発明に属する発明をして、特許権を取得した場合、会社は無償の通常実施権を取得する。[H13-16]　　　　　　　　　　　　☞(1)答〇

❏ 従業者甲は、使用者乙の研究所Xに勤務し研究αに従事していた。その後、甲は、乙の別の研究所Yに転任し、研究所Yで、以前の研究所Xで従事していた研究αに係る発明イをし、特許権を得た。このとき、乙は、発明イの特許権について通常実施権を有する。ただし、甲と乙との間には、職務発明に関する契約、勤務規則その他の定めは設けられていなかったものとする。[H28-特実10]　　　☞(2)答〇

❏ 株式会社は、従業員の入社時に、<u>在職中の全ての発明について</u>、特許を受ける権利を譲り受けることを契約することができる。[H13-16]　　　　　　　　　　　☞(3)答×

❏ 従業者等がした職務発明以外の発明について、あらかじめ使用者等に特許を受ける権利を取得させる契約は無効である。[H28-特実10]　　　　　　　　　　　　☞(3)答〇

❏ 従業者がした発明が<u>職務発明に該当しない</u>場合、使用者は、当該発明についての<u>特許を受ける権利を譲り受けることができる場合はない</u>。[H19-29]　　　　　☞(4)答×

❏ 職務発明による通常実施権を有する者は、当該特許権について専用実施権を有する者があるときでも、その者の承諾を得ないで、その通常実施権を移転することができる。[H9-33]　　　　　　　　　　　　　　　☞(5)答〇

10 職務発明の権利の帰属等

1 職務発明の場合の特許を受ける権利の帰属（事後承継）

(1)職務発明の場合、特許を受ける権利は、予め契約により、使用者等に事後承継させることができる（35条2項参照）。

⇨職務発明以外の発明について、あらかじめ使用者等に特許を受ける権利を取得させる契約は、無効である。

2 職務発明の場合の特許を受ける権利の帰属（原始帰属）

(2)職務発明の場合、特許を受ける権利は、予め契約により、発生時から使用者等に帰属する場合がある（35条3項）。

3 相当の利益を受ける権利

(3)従業員は、職務発明について、使用者等に特許を受ける権利・特許権の承継、専用実施権の設定をした場合には、相当の利益を受ける権利を有する（35条4項）。

⇨仮専用実施権の設定をしただけでは、相当の利益を受ける権利は生じない。仮専用実施権が専用実施権となって初めて、相当の利益を受ける権利が生じる。

(4)相当の利益を受ける権利は、契約、勤務規則で相当の利益の内容を決定すれば、それ以上の利益の請求はされない（35条5項参照）。

⇨その際、手続的事項が十分になされて利益が決められていることが必要である（35条5項〜7項参照）。

(5)「相当の利益」には、表彰状等のように、相手方の名誉を表するだけのものは含まれない。

学習日	月 日	月 日	月 日	月 日
正答数	／5	／5	／5	／5

● 出た過去問！ 出る予想問！ 目標 **4** 分で答えよう ●

❏ 従業者等がした職務発明以外の発明について、あらかじめ使用者等に特許を受ける権利を取得させる契約は無効である。[H28-特実10]　　　　　　　　　　　　☞(1)箸○

❏ 従業員乙が職務発明イを発明したとき、職務発明イの特許を受ける権利は、契約をした時からではなく、職務発明イが発生した時から使用者甲に帰属する場合がある。[H28-特実10]　　　　　　　　　　　　☞(2)箸○

❏ 使用者甲の従業者乙と使用者丙の従業者丁は、両企業間の共同研究契約に基づき共同研究をしていた。当該共同研究による職務発明について、乙は甲と、丁は丙と、その職務発明に関する特許を受ける権利については各使用者に帰属する旨の契約をしていた。その後、乙及び丁が当該共同研究に係る発明イをしたとき、共同研究のそれぞれの相手方の従業者の同意を必要とすることなく、発明イに係る特許を受ける権利の持分が、それぞれの使用者に帰属する。[H28-特実10]　　　　　　　　　　　　☞(2)箸○

❏ 従業者等は、勤務規則の定めにより職務発明について使用者等のため仮専用実施権を設定した場合、当該仮専用実施権に係る特許出願について特許権の設定の登録がされる前であっても、相当の利益を受ける権利を有する。[H26-25]　　　　　　　　　　　　☞(3)箸×

❏ 使用者等が職務発明の発明者に対して与える表彰状等のものであっても、特許法第35条第4項に規定される「相当の利益」に含まれる。[R1-特実14改]　　　☞(5)箸×

1 願書の記載事項

(1)願書は、特許出願人の氏名又は名称及び住所又は居所(36条1項1号)、発明者の氏名及び住所又は居所(36条1項2号)を記載する。

⇨発明の名称は、明細書の記載事項であるため(36条3項1号)、願書への記載は不要である。

2 添付図面

(2)願書に添付する図面は、必要な場合に添付すればよく、必須添付書面ではない(36条2項)。

⇨不添付の場合や、図面の簡単な説明の欄に記載がない場合でも、拒絶理由にはならない。

3 明細書の記載

(3)明細書の発明の詳細な説明には、当業者が実施をすることができる程度に、明確かつ十分に記載しなければならない(36条4項1号)。

⇨常に発明の目的、構成、効果の記載をすることは不要。

(4)明細書の発明の詳細な説明には、特許を受けようとする者が特許出願時に知っている先行技術(外国文献も含む)があるときは、それが記載された文献等に関する情報を記載しなければならない(36条4項2号)。

(5)出願人が必要と認める全ての事項を特許請求の範囲に記載していない場合(36条5項)でも、拒絶、異議申立て、無効理由とはならない。

(6)明細書には「発明の詳細な説明」の記載は必要であるが、「特許請求の範囲」の記載は不要である。

学習日	月 日	月 日	月 日	月 日
正答数	／6	／6	／6	／6

◎ 出た過去問！出る予想問！ 目標 **4** 分で答えよう ◎

❏ 特許出願の願書には、特許出願人の氏名又は名称及び住所又は居所、並びに発明者の氏名及び住所又は居所を記載することを要するが、発明の名称を記載することを要しない。
[H21-1]　　　　　　　　　　　　　　　　　　☞(1)答○

❏ 願書に図面が添付されているにもかかわらず、願書に添付した明細書の図面の簡単な説明の欄に記載がないとき、当該特許出願は、そのことのみを理由として拒絶される。
[H12-5]　　　　　　　　　　　　　　　　　　☞(2)答×

❏ 願書に添付した明細書の発明の詳細な説明には、発明の属する技術分野における通常の知識を有する者がその実施をすることができる程度に、常に、発明の目的、構成及び効果を記載しなければならない。[H19-59]　　　☞(3)答×

❏ 特許出願人は、当該特許出願に係る発明イに関連する発明ロが外国において電気通信回線を通じて公衆に利用可能となっていたことを特許出願の時に知っている場合、発明ロに関する情報の所在を明細書の発明の詳細な説明に記載しなければならない。[H19-59]　　　　　　　☞(4)答○

❏ 願書に添付した特許請求の範囲の記載が特許出願人が特許を受けようとする発明を特定するために必要と認める事項の全てについて記載していない場合、無効審判を請求することができない。[H6-13改]　　　　　　　　☞(5)答○

❏ 特許を受けようとする者が願書に添付して特許庁長官に提出しなければならないと規定された明細書には、発明の名称、図面の簡単な説明、発明の詳細な説明及び特許請求の範囲を記載しなければならない。[R1-特実4改]　☞(6)答×

12 外国語書面出願

1 外国語書面の翻訳文の提出

(1)外国語書面の翻訳文は、原則、出願日（優先日）から<u>1年4月</u>以内に提出しなければならない（36条の2第2項本文）。

⇨分割・変更出願、実用新案登録に基づく特許出願は、その出願の日から<u>2月</u>以内に、翻訳文を提出することができる（36条の2第2項但書）。

⇨優先日から1年4月・分割出願等から2月経過しても翻訳文の提出がない場合は、特許庁長官から来た<u>通知の応答期間</u>内に、翻訳文を提出することができる。

⇨その応答期間が経過して出願が<u>取下擬制</u>となった場合でも、<u>正当な理由</u>がある場合には、経済産業省令で定める期間中に、翻訳文を提出することができる。

(2)分割出願等の場合は、分割出願等から2月内に翻訳文を提出できるが、原出願日から1年4月経過していなければ、原出願日から1年4月以内に翻訳文を提出できる。

(3)外国語書面の翻訳文の提出前は、国内優先権の<u>基礎出願</u>・<u>変更出願・出願審査の請求</u>はできるが、<u>補正・分割出願・出願公開の請求</u>はできない。

(4)外国語書面（図面を除く）の翻訳文が未提出の場合は、<u>出願が取り下げられた</u>ものとみなされる（36条の2第5項）。

(5)外国語書面の図面の翻訳文が未提出の場合は、<u>図面はないものとして取り扱われる</u>。

(6)外国語要約書面の翻訳文が未提出の場合は、要約書が添付されていなかったものとし（36条の2第8項）、出願が<u>却下</u>され得る（17条3項、18条1項）。

⊙ 出た過去問！ 出る予想問！ **目標 4 分で答えよう** ⊙

❏ 第一国出願の日の後に日本国において特許出願がなされ、その特許出願がパリ条約による優先権の主張を伴う場合であって、かつ、その特許出願が外国語書面出願である場合、当該特許出願の出願人は、外国語書面及び外国語要約書面の日本語による翻訳文を、原則として当該第一国出願の日から1年4月以内に提出しなければならない。[H22-1]
☞(1)쫍◯

❏ 2以上の発明を包含する外国語書面出願の一部を分割して1又は2以上の新たな外国語書面出願とした当該外国語書面出願の出願人は、常に、当該分割の日から2月以内にその新たな外国語書面出願に係る外国語書面の翻訳文を提出しなければならない。[H19-34]
☞(2)쫍✕

❏ 外国語書面出願において、外国語書面及び外国語要約書面の日本語による翻訳文の提出をしなければ、当該外国語書面出願について出願審査の請求をすることはできない。[H28-特実13]
☞(3)쫍✕

❏ 外国語書面出願の出願人は、当該翻訳文の提出後でなければ、その出願を実用新案登録出願に変更することはできない。[H12-18]
☞(3)쫍✕

❏ 外国語書面出願の外国語書面の図面の翻訳文が提出されなかった場合、図面はないものとみなされる。[予想問]
☞(5)쫍✕

❏ 外国語要約書面の翻訳文が未提出の場合は、要約書が添付されていない状況であるから、補正命令が出された後、出願が却下される場合がある。[予想問]
☞(6)쫍◯

1 出願日の認定をしなければならない場合

(1)特許庁長官は、①特許を受けようとする旨の表示が明確でない場合、②特許出願人の氏名等が明確でない場合、③明細書の添付がない場合を除き、願書を提出した日を特許出願の日と認定しなければならない（38条の2第1項）。

(2)外国語書面出願の場合は、外国語書面の明細書に相当する部分を提出すれば、出願日が認定される。

⇨翻訳文の提出は、不要である。

(3)先の出願に明細書及び必要な図面が記載されていれば、それを参照すべき旨の主張で出願日が認定される。

⇨明細書を提出しなくても、出願日が認定される場合がある（38条の3）。

2 出願日の認定がされない場合の手続

(4)出願日の認定がされない場合は、特許を受けようとする者に補完命令が通知される（38条の2第2項）。

⇨通知を受ける者は、特許を受けようとする者である。

3 手続補完書

(5)手続補完書を提出した日が特許出願日となる（38条の2第6項）。特許庁長官から補完命令がなされず、自ら補完をした（自発補完）場合も、同様である（38条の2第9項）。

4 明細書等の一部が欠けている場合

(6)明細書又は図面の一部の記載が欠けている場合は、特許出願人にその旨の通知をしなければならない（38条の4第1項）。

2章

出願日の認定

● 出た過去問！　出る予想問！ 目標 **4** 分で答えよう ●

❏ 特許出願の願書に特許請求の範囲が添付されていない場合でも、出願日は認定される。［予想問］　　　☞(1)答○

❏ 外国語書面出願は翻訳文が明細書等とみなされるから（36条の2第8項）、外国語書面の翻訳文を提出しなければ出願日が認定されない。［予想問］　　　☞(2)答×

❏ 特許を受けようとする者は、特許を受けようとする旨が願書に明確に表示され、かつ、特許出願人の氏名又は名称が特許出願人を特定できる程度に願書に明確に記載されているときは、当該願書に明細書及び必要な図面を添付することなく、その者がした特許出願を参照すべき旨を主張する方法により、特許出願をすることができる。［H28- 特実 13］
☞(3)答○

❏ 明細書を添付しないことで出願日の認定がされなかった。その場合、特許出願人に補完命令が通知される。［予想問］
☞(4)答×

❏ 補完命令に応じて手続補完書を提出した場合も、自発的に手続補完書を提出した場合も、手続補完書を提出した日が特許出願の日として認定される。［予想問］　　☞(5)答○

❏ 明細書又は図面の一部が欠けている場合は、特許を受けようとする者に対し、補完を命じなければならない。［予想問］
☞(6)答×

1 主体的要件

(1)国内優先権の主張には、先の出願人と後の出願人が<u>同一</u>でなければならない。その判断時点は、<u>後の出願時</u>である。

2 国内優先権の基礎出願

(2)国内優先権の基礎となるのは、願書に最初に添付した<u>明細書、請求の範囲、図面</u>である。外国語書面出願では、<u>外国語書面</u>から優先権が発生する。

⇨<u>意匠登録出願</u>を基礎出願とすることは<u>できない</u>。

(3)先の出願が分割・変更出願や、<u>実用新案登録に基づく特許出願に係る新たな出願</u>である場合は、国内優先権の先の出願（基礎出願）とはならない。

(4)先の出願が分割・変更出願の<u>もとの出願</u>である場合は、国内優先権の先の出願（基礎出願）となる。

(5)分割・変更出願に係る新たな出願でも、<u>優先権主張を伴う出願</u>（後の出願）とはなり得る。

3 国内優先権の主張期間

(6)国内優先権は、先の出願の日から<u>1年以内</u>に後の出願をしなければならない。

⇨先の出願の日から1年以内に後の出願ができないことに<u>正当な理由</u>があれば、国内優先権主張を伴う出願を先の出願の日から1年を超えて経済産業省令で定める期間内にすることができる（41条1項1号かっこ書）。

(7)後の出願の際、先の出願が<u>放棄・取下げ・却下・査定・審決確定・登録</u>されている場合は、国内優先権の主張はできない。

学習日	月　日	月　日	月　日	月　日
正答数	／7	／7	／7	／7

● 出た過去問！出る予想問！ 目標 **4** 分で答えよう ●

❏ 特許出願後に、その特許出願に係る発明についての特許を受ける権利を承継し、特許庁長官に届け出た者は、当該特許出願を基礎として優先権を主張できる。[H18-46] ☞(1)習〇

❏ 意匠登録出願を基礎として、特許法第41条第1項の規定による優先権の主張を伴う特許出願をすることができる。[R1-特実15] ☞(2)習✕

❏ 優先権主張の基礎となるのは、特許出願Aの願書に添付した外国語書面に記載された発明であって、当該外国語書面の日本語による翻訳文に記載された発明ではない。[H24-7改] ☞(2)習〇

❏ 実用新案登録に基づく特許出願は、優先権の主張の基礎とすることができる場合はない。[H18-46] ☞(3)習〇

❏ 特許法第41条第1項の規定による優先権を主張して特許出願をする場合、先の出願が特許法第44条第1項の規定による特許出願の分割に係るもとの特許出願であるときは、当該先の出願に記載された発明に基づいて優先権を主張することができる場合はない。[H28-特実3] ☞(4)習✕

❏ 特許法第44条第1項の規定による新たな特許出願は、いかなる場合も特許出願等に基づく優先権の主張を伴わない。[H3-13] ☞(5)習✕

❏ 実用新案登録出願は、その出願について実用新案権の設定の登録がされた後であっても、特許法第41条第1項の規定による優先権の主張の基礎とすることができる場合がある。[H26-1] ☞(7)習✕

国内優先権の効果

1 国内優先権の効果

(1)先の出願書面の全体と、後の出願の特許請求の範囲の記載の重複部分は、一定の規定については、先の出願の時にされたものとみなす(41条2項)。

⇨①存続期間、②出願審査の請求の期間は、原則として、後の出願の日の翌日から起算する。

(2)先の出願書面全体(外国語書面出願であれば外国語書面)と、後の出願書面全体(外国語書面出願であれば外国語書面)の重複部分は、後の出願が出願公開された場合には、先の出願が公開したものと擬制されて、29条の2の引例となり得る(41条3項)。

2 国内優先権主張の手続等

(3)国内優先権の主張をする場合は、その旨を記載した書面を経済産業省令で定める期間(以下「省令期間」)内に提出しなければならない(41条4項)。

(4)先の出願は、優先日から省令期間経過時に取下げ擬制される(42条1項)。但し、先の出願が国際特許出願である場合は、国内処理基準時又は国際出願日から省令期間経過時のいずれか遅い時に、先の出願が取下げとなる。

(5)国内優先権主張の取下げは、先の出願の日から省令期間までできる(42条2項)。但し、後の出願が国際特許出願である場合は、優先日から30月まで取下げができる。

(6)国内優先権主張を伴う出願を先の出願の日から省令期間までの間に取り下げた場合は、同時に国内優先権の主張も取り下げたものとみなされる(42条3項)。

学習日	月 日	月 日	月 日	月 日
正答数	／5	／5	／5	／5

出た過去問！ 出る予想問！ **目標4分で答えよう**

❏ 特許法第41条に規定する優先権の主張を伴う特許出願は、当該優先権の主張の基礎とされた先の出願の日から3年以内に出願審査の請求がなかったとき、取り下げられたものとみなされる。[H14-42]　　　　　　　　☞(1)答×

❏ 甲は、発明イ及びロについて外国語書面出願Aをした後、Aを基礎とする国内優先権の主張を伴う発明イ、ロ及びハについての外国語書面出願Bをした。乙は、Aの出願の日後Bの出願の日前に、発明ロ及びハについての外国語書面出願Cをした。このとき、Bの外国語書面の日本語による翻訳文にロが記載されていなければ、Aについて出願公開がされずにBについて出願公開がされた場合、Cは、Aをいわゆる拡大された範囲の先願として特許法第29条の2の規定により拒絶されることはない。ただし、外国語書面出願A及びBは図面を含まないものとする。[H20-8]　☞(2)答×

❏ 先の出願が国際特許出願である場合には、国内処理基準時が経過すれば、常に取り下げられる。[予想問]　　☞(4)答×

❏ 特許出願A（外国語書面出願でも国際特許出願でもない）を基礎とする特許出願等に基づく優先権の主張を伴う国際特許出願の出願人は、Aの出願の日から経済産業省令で定める期間を経過した後は、いかなる場合も当該主張を取り下げることができない。[H5-20改]　　　　☞(5)答×

❏ 特許出願等に基づく優先権の主張を伴う出願が、先の出願の日から経済産業省令で定める期間内に取り下げられたときは、同時に当該先の出願も取り下げられたものとみなされる。[S61-41改]　　　　　　　　　　　　☞(6)答×

16 パリ優先権等

1 パリ優先権の主張期間

(1)パリ条約の優先権は、優先期間内（優先日から <u>12 月</u>）に日本に出願しなければ、有効に主張できない。但し、優先期間を徒過したことに<u>正当な理由</u>があれば、経済産業省令で定める期間内に日本に優先権を伴う出願をすることができる（43 条の 2 第 1 項）。

2 パリ条約の優先権の手続

(2)パリ条約上の優先権主張をする場合は、<u>優先権主張書面</u>を経済産業省令で定める期間内に特許庁長官に提出しなければならない（43 条 1 項）。

(3)優先権証明書とともに<u>第 1 国の出願番号</u>を記載した書面を提出しなくても、優先権の主張の効力に影響を及ぼさない（43 条 3 項・4 項）。

(4)特許庁長官は、原則、優先権を主張する者が優先権証明書又は優先権書類の電子的交換をするために必要な事項を記載した書面（43 条 5 項）を優先日から 1 年 4 月以内に提出しない場合、その旨をその者に<u>通知</u>しなければならない。

⇨当該通知期間内に優先権証明書等を特許庁長官に提出できた場合には、<u>優先権喪失</u>の不利益は受けない（43 条 6 項・7 項・9 項）。また、当該通知期間が経過した場合でも、<u>不責事由</u>がある場合には、優先権証明書の提出は可能である（43 条 8 項）。

(5)特定国の国民が、その<u>特定国</u>に出願した場合は、我が国に主張する有効な優先権が生じ得る（43 条の 3 第 2 項）。

学習日	月 日	月 日	月 日	月 日
正答数	／5	／5	／5	／5

◉ 出た過去問！出る予想問！ **目標4分で答えよう** ◉

❏ パリ条約第4条D(1)の規定による優先権の主張を伴う特許出願を、同条C(1)に規定する優先期間内に出願できなかった場合、当該優先期間内にその特許出願をすることができなかったことについての正当な理由がなくとも、当該優先期間経過後に、当該優先権の主張を伴う特許出願をできることがある。[H27-37]　　　　　　☞(1)答×

❏ 優先権主張書面は、日本国への出願と同時に提出しなければならない。[予想問]　　　　　　☞(2)答×

❏ パリ条約第4条D(1)の規定により特許出願について優先権を主張した者が、当該最初の出願の日から経済産業省令で定める期間内に、その最初の出願の番号を記載した書面を特許庁長官に提出しないときは、その優先権は効力を失う。[H9-48]　　　　　　☞(3)答×

❏ 優先日から1年4月以内に優先権証明書又は優先権書類の電子的交換をするために必要な事項を記載した書面を提出しない場合でも、優先権の利益を受けることができる場合がある。[予想問]　　　　　　☞(4)答○

❏ 特許法第43条の3第2項(パリ条約の例による優先権主張)に規定する特定国の国民は常に、その者がパリ条約の同盟国においてした出願に基づいて、パリ条約第4条の規定の例により、特許出願について優先権を主張することができる。[H9-48]　　　　　　☞(5)答×

17 分割出願の要件・効果

1 分割出願の主体的要件

(1)共有に係る特許出願の場合、分割出願は、共有者全員で行う必要がある(44条1項参照)。

2 分割が出願できる時期・範囲(44条1項)

(2)分割出願は、明細書等について補正ができる時又は期間内にすることができる。

⇨外国語書面出願の場合は、翻訳文提出後でなければ出願分割ができない。なお分割の範囲は、翻訳文ではなく、外国語書面の範囲内である。

(3)分割出願は、特許査定謄本の送達日から30日(4条延長・不責事由による追完あり)以内にすることができる。

⇨差戻審決後の特許査定、前置審査後の特許査定の場合は、できない。

(4)分割出願は、最初の拒絶査定謄本の送達日から3月(4条延長・追完あり)以内にすることができる。

⇨「最初の」であるから、差戻しの後、再度拒絶査定となった場合は、分割ができない。

(5)分割出願は、特許請求の範囲以外からもできる。

(6)外国語書面出願・外国語特許出願の場合は、外国語書面、原文の範囲から分割できる。

3 分割の効果(44条2項・4項)

(7)分割出願は、原則として、出願日が遡及する。但し、29条の2の他の出願としては遡及しない。

(8)原出願(もとの出願)で一定の書面を提出した場合は、分割出願で同一の書面を再度提出する必要はない。

2章

分割出願の要件・効果

出た過去問！出る予想問！ 目標 **4** 分で答えよう

❑ 甲、乙が共同出願人となっている特許出願Aが二以上の発明を包含する場合、願書に添付した明細書、特許請求の範囲又は図面について補正をすることができる期間内であっても、原則甲が単独でAの一部を新たな特許出願Bとすることはできない。[H3-15]　　　　　　　　☞(1)答〇

❑ 外国語書面出願をもとの特許出願として分割をする場合、日本語による翻訳文を提出した後であっても、日本語による翻訳文ではなく、その外国語書面に基づいて、分割をすることができる。[H25-58]　　　　　　　　　　　☞(2)答〇

❑ 特許法第162条に規定する審査（前置審査）において、審査官が特許をすべき旨の査定をした場合、当該査定の謄本の送達があった日から30日以内に、特許出願人はその特許出願の分割をすることができる。[H26-29]　　☞(3)答✕

❑ 特許請求の範囲に1つの発明しか記載がない場合でも、分割ができる場合がある。[S61-48]　　　　　　　　　☞(5)答〇

❑ 2以上の発明を包含する特許出願Aの一部を分割して新たな特許出願Bをしたとき、Bの審査において、特許法第29条の2の規定の適用については、Bの出願をした日を基準に行われる。[H16-19]　　　　　　　　　　　☞(7)答✕

❑ パリ条約による優先権の主張を伴う特許出願の分割をして新たな特許出願をする場合、経済産業省令で定める期間内に当該優先権の主張をするための手続をしなくとも、その新たな特許出願について当該優先権の利益を享受することができる場合がある。[H18-41]　　　　　　　☞(8)答〇

18 出願変更の要件・効果

1 出願変更の主体的要件

(1)原出願が共同出願である場合、出願変更は<u>共有者全員</u>で
行う必要がある（14条、38条）。

2 出願変更の効果

(2)出願変更が有効な場合は、出願日が<u>遡及</u>する。但し、29
条の2の他の出願としては遡及しない（準特44条2項）。

(3)出願変更をした場合は、原出願は<u>取り下げた</u>ものとみな
される。また、原出願の一部変更の場合も、原出願は<u>取
り下げた</u>ものとみなされる。

(4)原出願がパリ条約の<u>優先権</u>の利益を得ている場合には、
変更に係る特許出願も、<u>優先権</u>の利益を享受できる。

⇨変更出願の際、再度の優先権主張の手続は<u>不要</u>である。

(5)国内優先権を伴う特許出願を意匠登録出願に変更した場
合は、当該意匠登録出願は、<u>国内優先権</u>の利益を享受す
ることができない。

(6)変更出願は、国内優先権の基礎出願とはならない。

3 出願変更の時期

(7)<u>実用新案登録出願</u>は、出願日から<u>3年</u>経過した後は、特
許出願に変更することができない（46条1項）。

⇨但し、この期間には<u>追完</u>がある。

(8)<u>意匠登録出願</u>は、<u>最初</u>の拒絶査定謄本送達の日から<u>3月</u>
経過した後又は意匠登録出願の日から<u>3年</u>を経過した後
は、特許出願に変更することができない（46条2項）。

⇨但し、「3月」には<u>延長</u>が、「3年」には<u>追完</u>がある。

学習日	月　日	月　日	月　日	月　日
正答数	／7	／7	／7	／7

◎ 出た過去問！出る予想問！ 目標 **4** 分で答えよう ◎

❏ 共有に係る特許出願から実用新案登録出願への変更は、共有者全員で手続をする必要はない。[S60-40] ☞(1)答✕

❏ 意匠登録出願を特許出願に変更したことにより、当該特許出願が特許法第29条の2に規定する他の出願に該当する場合には、もとの意匠登録出願の時にしたものとみなされない。[予想問] ☞(2)答○

❏ 二以上の考案を包含する実用新案登録出願の一部を特許出願に変更したときはその実用新案登録出願は取り下げたものとみなされる。[S60-40] ☞(3)答○

❏ 特許法第41条に基づく優先権の主張を伴う特許出願を意匠登録出願に変更するときは、もとの特許出願の際に主張した優先権を主張することができる。[H13-26] ☞(5)答✕

❏ 実用新案登録出願を変更した特許出願でも、特許法第41条に基づく優先権主張の基礎となる場合がある。[H13-26] ☞(6)答✕

❏ 実用新案登録出願の日から3年を経過した後であっても、その実用新案登録出願を特許出願に変更することができる場合がある。[H25-58] ☞(7)答○

❏ 意匠登録出願について拒絶をすべき旨の最初の査定の謄本の送達があった日から3月を経過した後は、その意匠登録出願を特許出願に変更することができる場合はない。[H11-46] ☞(8)答✕

実用新案登録に基づく特許出願

1　実用新案登録に基づく特許出願の時期的要件

(1)実用新案権者は、実用新案登録出願から<u>3年</u>以内に実用
　新案登録に基づく特許出願ができる(46条の2第1項1号)。

⇨「3年」には、<u>追完</u>がある。

(2)出願人又は権利者から<u>評価請求</u>があった場合、実用新案
　登録に基づく特許出願はできない(46条の2第1項2号)。

(3)第三者からの評価請求の場合、その旨の通知を受けた日
　から<u>30日</u>は、実用新案登録に基づく特許出願をするこ
　とができる(46条の2第1項3号)。

⇨「30日」には、<u>4条延長</u>と<u>不責事由</u>による<u>追完</u>がある。

(4)実用新案登録に対する<u>無効審判</u>の最初の答弁書提出期間
　経過までは、実用新案登録に基づく特許出願をすること
　ができる(46条の2第1項4号)。

(5)基礎とした実用新案権は、<u>放棄</u>しなければならない(46
　条の2第1項後段)。

(6)①<u>専用実施権者</u>、②<u>質権者</u>、③<u>職務考案</u>の法定通常実施
　権者、④<u>実用新案権者</u>の許諾に基づく通常実施権者、⑤
　<u>専用実施権者</u>から許諾を受けた通常実施権者がいる場合
　には、これらの者の<u>承諾</u>を得なければならない(46条の2
　第4項、準特97条1項)。

2　実用新案登録に基づく特許出願の効果

(7)実用新案登録に基づく特許出願が有効であれば、原則と
　して、出願日が<u>実用新案登録出願</u>の日まで遡及する(46
　条の2第2項)。

学習日	月　日	月　日	月　日	月　日
正答数	／5	／5	／5	／5

2章

実用新案登録に基づく特許出願

○ 出た過去問！ 出る予想問！ **目標4分で答えよう** ○

❏ 実用新案登録に係る実用新案登録出願の日から3年を経過した後は、当該実用新案登録に基づいて特許出願をすることができる場合はない。[H30- 特実 15]　　☞(1)答×

❏ 実用新案登録について、実用新案権者から実用新案技術評価の請求があったとき、その実用新案登録に基づく特許出願をすることはできない。[H27-13]　　☞(2)答○

❏ 実用新案登録に係る実用新案登録出願又はその実用新案登録について実用新案登録出願人又は実用新案権者でない者が実用新案技術評価の請求をした場合、実用新案権者はその請求があった旨の最初の通知を受けた日から 30 日を経過したときでも、その実用新案登録に基づく特許出願をすることができる場合がある。[H25-58]　　☞(3)答○

❏ 複数の請求項のうち一部の請求項を対象とする実用新案登録無効審判が請求され、その答弁書提出期間が経過した後であっても、審判請求の対象とされていない請求項については、その請求項に係る実用新案権のみを放棄して実用新案登録に基づく特許出願をすることができる場合がある。[H22-40]　　☞(4)答×

❏ 実用新案登録に基づく特許出願をする場合には、実用新案権を放棄し、通常実施権者がいるときは、常に通常実施権者の承諾を得なければならない。[予想問]　　☞(5)(6)答×

20 出願審査の請求

1 出願審査の請求の要件

(1)原則として、何人も、出願の日から3年以内に、出願審査の請求ができる(48条の3第1項)。

(2)「出願の日から3年」(48条の3第1項)とは、分割出願等の場合は、原出願の日から3年である(44条2項参照)。国内優先権の場合は、後の出願の日から3年である(41条2項参照)。パリ優先権の場合は、我が国の出願の日から3年である。

(3)出願の日から3年経過後であっても、分割出願・変更出願・実用新案登録に基づく特許出願であるときは、新たな出願の日から30日以内に限り、出願審査の請求をすることができる(48条の3第2項)。

⇨ 分割出願等の日から30日経過後であっても、原出願の日から3年経過していなければ、請求ができる。

2 出願審査の請求に関する効果

(4)出願の日から3年以内に出願審査の請求をしない場合は、出願は取下擬制となる(48条の3第4項)。

⇨ 39条の先願の地位を失う(39条5項)。但し、29条の2の拡大された先願の地位は有する。

(5)取下擬制となった出願人は、出願の日から3年以内に出願審査の請求をすることができなかったことについて正当な理由がある場合には、経済産業省令で定める期間内に限り、出願審査の請求ができる(48条の3第5項)。

(6)出願審査の請求は、取り下げることができない(48条の3第3項)。

学習日	月 日	月 日	月 日	月 日
正答数	／6	／6	／6	／6

◎ 出た過去問！ 出る予想問！ 目標**4**分で答えよう ◎

❏ 出願審査の請求は、<u>特許出願人に限り</u>、出願の日から3年以内に請求ができる。[予想問]　　　　　　☞(1)答×

❏ パリ条約の規定による優先権の主張を伴う特許出願の出願審査の請求は、当該特許出願の日から3年以内にすることができる。[H18-5]　　　　　　☞(2)答○

❏ 2以上の発明を包含する特許出願の一部を分割して1又は2以上の新たな特許出願とした特許出願人は、当該分割の日から30日を経過した後であっても、その新たな特許出願について出願審査の請求をすることができる場合がある。ただし、特許法第48条の3第5項の規定については考慮しないものとする。[H19-34 改]　　　　　　☞(1)(3)答○

❏ 一方の出願について所定の期間内に出願審査の請求がなかったときでも、他方の出願について工業所有権を取得できない場合がある。[S55-18]　　　　　　☞(4)答○

❏ 特許出願の日から<u>3年を経過したことにより</u>、特許出願を取り下げたものとみなされた場合でも、出願の日から3年以内に出願審査の請求をすることができなかったことについて正当な理由がある場合には、<u>何人も</u>出願審査の請求をすることができる。[予想問]　　　　　　☞(5)答×

❏ 法人でない社団又は財団であって、代表者又は管理人の定めがあるものは、出願審査請求を取り下げることはできない。[S62-12]　　　　　　☞(6)答○

21 実体審査・優先審査等

必ず出る！基礎知識 目標6分で覚えよう

1 実体審査

(1)出願審査の請求がなされた出願は、審査官により<u>実体審査</u>が行われる。実体審査は、審査官が49条に該当するか否かを判断する。

⇨<u>パリ優先権</u>の有効性は、拒絶理由ではない。

(2)審査官には、<u>除斥</u>の規定が準用されている(48条)。

⇨但し、<u>審判官</u>の場合と異なり、除斥の申立てはできない。

(3)審査官は、審判官の場合と異なり、<u>忌避</u>されない。

2 優先審査の条件

(4)優先審査(48条の6)は、<u>出願審査の請求</u>がされていることが必要である。

(5)優先審査は、出願公開後に特許出願人でない者が特許出願に係る発明(<u>特許請求の範囲の内容</u>)を業として実施していることが必要である(48条の6)。

⇨①出願人が特許出願に係る発明を実施していても、優先審査の対象にはならない。②第三者が<u>実施の準備</u>をしているだけでは、優先審査の対象にはならない。

3 48条の7の通知と拒絶理由通知

(6)審査官は、48条の7の通知をしていない場合は、<u>先行技術文献情報</u>が明細書中に適切に開示されていないことを理由に拒絶理由通知をすることはできない(49条5号)。

⇨①48条の7の通知を行うのは、特許庁長官ではなく、<u>審査官</u>である。②48条の7の通知をするか否かは、<u>審査官の裁量</u>である。

学習日	月　日	月　日	月　日	月　日
正答数	／6	／6	／6	／6

出た過去問！出る予想問！ 目標 4 分で答えよう

❏ パリ条約による優先権の主張を伴って我が国になされた特許出願の願書に最初に添付した特許請求の範囲に記載した事項が、当該優先権の主張の基礎とする出願に係る出願書類（明細書、図面等を含む。）に記載した事項の範囲内になかった。この場合、審査官は、当該特許出願人に対し、そのことを理由として拒絶の理由を通知し、相当の期間を指定して意見書を提出する機会を与えなければならない。[H19-10]　☞(1)答✕

❏ 審査官に特許法第 139 条第 1 号から第 5 号まで及び第 7 号に規定する除斥の原因があるときは、特許出願人は、除斥の申立をすることができる。[H26-20]　☞(2)答✕

❏ 審査官について審査の公正を妨げるべき事情があると認められるときは、特許出願人の申立てにより、決定をもって忌避されることがある。[H20-50]　☞(3)答✕

❏ 出願審査の請求がされていない場合でも、優先審査を受けることができる。[予想問]　☞(4)答✕

❏ 特許庁長官は、特許出願人が業として自己の特許出願に係る発明を実施していると認める場合において必要があるときは、審査官にその特許出願を他の特許出願に優先して審査させることができる旨特許法に規定されている。[H21-25]　☞(5)答✕

❏ 特許庁長官は、出願公開後に出願人でない者が業として特許出願に係る発明の実施を準備していると認められる場合において、必要があるときは、審査官にその特許出願を他の特許出願に優先して審査させることができる。[H14-42]　☞(5)答✕

22 拒絶理由通知

1 拒絶理由通知

(1)審査官が拒絶査定を行う場合、出願人に対し、拒絶理由を通知し、意見書の提出の機会を与えなければならない（50条）。但し、補正却下をする場合は、拒絶理由通知はされない（50条但書）。

(2)拒絶理由通知は、2度目の場合でも、最初の拒絶理由通知となる場合がある。

2 最後の拒絶理由通知と補正却下

(3)最後の拒絶理由通知に対する補正が補正違反（新規事項の追加等）である場合は、補正却下される（50条但書、53条1項）。

⇨この場合、意見書提出の機会を与える必要はない。

3 その他の事項

(4)最初の拒絶理由通知に対する補正に問題がある場合は、原則として、補正却下されない。

⇨但し、50条の2の通知がなされた場合は、最初の拒絶理由通知に対する補正の場合でも補正却下される場合がある（53条1項かっこ書参照）。

(5)延長登録出願が専用実施権者又は通常実施権者によってされた場合は、審査官は、拒絶理由を通知し、拒絶査定をする（67条の3第1項3号、67条の7第1項4号）。

(6)審査官は、明細書の図面の簡単な説明の欄に記載がない出願に対し、拒絶理由を通知することはできない。

2章

拒絶理由通知

出た過去問！
出る予想問！ 目標 **4** 分で答えよう

❑ 審査官は拒絶をすべき旨の査定をしようとするときは、特許出願人に対し、拒絶の理由を通知し、相当の期間を指定して、意見書を提出する機会を与えなければならない。
[S53]　　　　　　　　　　　　　　　　　　　　　☞(1)答○

❑ 特許出願人が、拒絶理由通知 a を受けた後更に、拒絶理由通知 b を受けた場合、b は、常に最後の拒絶理由通知となる。[H7-36]　　　　　　　　　　　　　　　　　☞(2)答×

❑ 特許法第17条の2第3項(いわゆる新規事項の追加の禁止)の規定に違反する補正がされた場合、審査官が、意見書を提出する機会を与えることなく拒絶をすべき旨の査定をすることはない。[H25-23]　　　　　　　　　　☞(3)答×

❑ 最初の拒絶理由通知の応答期間内の補正が、補正却下される場合がある。[予想問]　　　　　　　　　　　☞(4)答○

❑ 特許法第67条第4項の政令で定める処分を受けた者である通常実施権者が延長登録処分の出願をしたとき、審査官は当該通常実施権者が実施を制限されたわけであるから、当該通常実施権者が出願人であることを理由として、その出願について拒絶をすべき旨の査定をする場合はない。
[H10 改]　　　　　　　　　　　　　　　　　　　☞(5)答×

❑ 願書に図面が添付されているにもかかわらず、願書に添付した明細書の図面の簡単な説明の欄に記載がないとき、当該特許出願はそのことを理由として拒絶される。[H12-5]
　　　　　　　　　　　　　　　　　　　　　　　☞(6)答×

50条の2の通知／補正却下

◼ 50条の2の通知

(1) 50条の2の通知は、<u>分割出願</u>について拒絶理由を通知しようとする場合、その拒絶理由が、もとの出願になされた拒絶理由通知と<u>同一</u>である場合になされる。

▷分割出願の出願審査の請求前にもとの出願の拒絶理由の内容を<u>知り得る</u>状態になかった場合には、50条の2の通知は来ない（50条の2かっこ書）。

(2) 50条の2の通知を受けた出願の特許請求の範囲の補正は、最初の拒絶理由通知でも、最後の拒絶理由通知の<u>応答時</u>のものと同じ制約を受ける。

▷<u>新規事項の追加禁止・シフト補正の禁止・特許請求の範囲の限定的減縮</u>等が目的でなければならない。

(3) 50条の2の通知がなされた場合、補正が17条の2第3項から6項に違反したときは、審査官は<u>補正却下</u>しなければならない。最後の拒絶理由通知の場合と同様である。

▷<u>新規事項の追加</u>（17条の2第3項）は、補正却下になる。

▷外国語書面出願の<u>原文の範囲</u>を超えた補正の場合（49条6号）は、補正却下にならない。

▷ 17条の2第5項違反は、拒絶理由ではないが、補正却下の対象となる。

◼ 補正却下

(4) 審査官の補正却下の決定については、<u>不服申立て</u>ができない（53条3項本文）。

▷但し、<u>拒絶査定不服審判</u>を請求した場合には、当該審判において不服を申し立てることができる（53条3項但書）。

2章

50条の2の通知／補正却下

出た過去問！出る予想問！ 目標 **4** 分で答えよう

❏ 特許出願Bは、特許出願Aから分割されたものであり、出願と同時に出願審査の請求がされたものである。審査官が、出願Bについて拒絶の理由を通知しようとする場合において、その拒絶の理由が、<u>出願Bの出願審査の請求の後に出願Aについて通知された拒絶の理由と同一</u>であるときは、審査官は、その旨を併せて通知しなければならない。［H26-20］　☞(1)答×

❏ 50条の2の通知とともに最初の拒絶理由通知がなされた場合、特許請求の範囲の補正は、新規事項の追加以外に、いわゆるシフト補正（17条の2第4項）、目的外補正（17条の2第5項）についても判断される。［予想問］　☞(2)答○

❏ 外国語書面出願について、50条の2の通知がなされ、その際に指定された期間内にした補正により当該願書に添付した明細書、特許請求の範囲又は図面に記載した事項が当該外国語書面に記載した事項の範囲内にないものとなったとき、そのことを理由として、その補正が却下される場合はない。［H11-44改］　☞(3)答○

❏ 甲は、特許法第17条の2第1項第3号に規定する最後に受けた拒絶理由通知で指定された期間内に、願書に添付した特許請求の範囲について補正をするとともに意見書を提出したところ、審査官は当該補正を決定をもって却下し、拒絶をすべき旨の査定をした。このとき、甲は、<u>当該補正の却下の決定に対して不服を申し立てることができる場合はない</u>。［H20-25］　☞(4)答×

24 出願公開・公開の請求

必ず出る！基礎知識　目標6分で覚えよう

1　出願公開の時期

(1)出願公開は、特許出願の日(優先権を伴っている場合は優先
日)から1年6月を経過した場合になされる(64条、36条
の2第2項かっこ書)。

(2)分割・変更出願、実用新案登録に基づく特許出願の場合、
もとの出願の日から1年6月を経過時に出願公開される。

2　出願公開の請求

(3)出願人が出願公開の請求をした場合は、出願の日から1
年6月を経過する前でも、出願公開がなされる。

(4)出願公開の請求がなされた場合は、その後に出願が取り
下げられても、出願公開がなされる。

(5)外国語書面出願では、外国語書面の翻訳文が提出されな
ければ、出願公開の請求はできない(64条の2第1項3号)。

(6)出願公開の請求は、取り下げることができない(64条の2
第2項)。

3　出願公開の公開内容

(7)出願公開では、外国語書面、外国語要約書面のほか、そ
れらの翻訳文も出願公開される(64条2項)。

⇨特許掲載公報は、権利公示書面であるから、外国語書面、
外国語要約書面は掲載されない(66条3項)。

(8)出願公開で要約書の記載が36条7項に適合しない場合
は、特許庁長官が自ら作成した事項を特許公報に掲載す
る(64条3項)。

⇨審査官が要約書を職権で作成することはない。

学習日	月　日	月　日	月　日	月　日
正答数	／6	／6	／6	／6

出た過去問！ 出る予想問！ 目標 4 分で答えよう

❑ 特許法第 41 条の規定による優先権の主張を伴う特許出願が特許庁に係属しているが、出願審査の請求又は出願公開の請求のいずれもなされていない。当該特許出願の願書が特許庁長官に提出された日から 1 年 6 月を経過していない場合においても、特許庁長官は、その特許出願について出願公開をすることがある。[H27-32]　　　　☞(1)答○

❑ 甲は、特許出願Aをし、特許出願Aの日後、特許出願Aを分割して新たな特許出願Bをした。この場合において、特許出願Bについて出願公開の請求がされず特許掲載公報の発行もされていないときは、当該分割の日から 1 年 6 月を経過する前に特許出願Bについて出願公開がされることはない。[H22-6]　　　　☞(2)答✕

❑ 出願日から 1 年 6 月を経過する前であっても、出願人の請求により出願公開がなされる。[予想問]　　　　☞(3)答○

❑ 出願公開の請求があった後に、その特許出願人が特許出願を取り下げたとしても、その特許出願は必ず出願公開される。[H25-23]　　　　☞(4)答○

❑ 外国語書面出願が、特許法第 36 条の 2 第 2 項に規定する外国語書面の翻訳文が特許庁長官に提出されていないものである場合、特許出願人は、出願公開の請求をすることができない。[H26-20]　　　　☞(5)答○

❑ 願書に添付した要約書の記載に不備があった場合、特許庁長官は、当該要約書に記載した事項に代えて、審査官が作成した事項を特許公報に掲載することができる。[H19-40]　　　　☞(8)答✕

必ず出る！
基礎知識　目標 **6** 分で覚えよう

1 補償金請求の発生要件

(1)補償金請求権は、出願公開の後、原則、警告がなければ発生しない。外国語特許出願の場合は、国際公開ではなく国内公表後の警告が要件となる（184条の10第1項）。

(2)特許請求の範囲に記載がない場合でも、クレームアップができる場合は、補償金請求権が生じる場合がある。

(3)補償金請求権発生の要件である警告とは、相手を特定した具体的なものであることが必要である。但し、相手方が悪意の場合は、警告を要しない（65条第1項第2文）。

2 補正と再度の警告・補償金請求権と特許権

(4)警告をした後の特許請求の範囲の補正が、特許請求の範囲を減縮するものであって、第三者の実施しているものが補正の前後を通じて特許発明の技術的範囲に属する場合は、再度の警告を要しない。

(5)特許権者は、出願公開から特許権設定登録までの間の実施に対しては、補償金の支払いを請求でき、特許権設定登録後の実施に対しては、差止請求等ができる（65条4項）。

3 補償金請求権の消滅

(6)特許出願を放棄した場合、補償金請求権は消滅する。
⇨特許権の放棄では、補償金請求権は消滅しない。

(7)無効審判の請求認容審決確定でも、補償金請求権が消滅しない場合がある（65条5項参照）。

(8)補償金請求金は、設定登録後3年を経過しても、時効消滅しない場合がある（65条6項参照）。

学習日	月　日	月　日	月　日	月　日
正答数	／7	／7	／7	／7

2章

補償金請求権

○ 出た過去問！出る予想問！ 目標 **4** 分で答えよう ○

❏ 国際公開された外国語特許出願の出願人は、その外国語特許出願に係る発明であること知って国内公表前に業としてその発明を実施した者に対し、補償金請求権を行使することができる場合がある。[H8-15]　　　☞(1)答×

❏ 特許出願人は、その願書に最初に添付した明細書の発明の詳細な説明にのみ記載された発明を出願公開後特許の設定登録前に業として実施した者に対し、補償金の支払いを請求することができる場合はない。[H2-18]　　☞(2)答×

❏ その発明を実施してはならない旨を業界紙に掲載したことは、補償金請求権発生の警告に該当する。[H2-18 改] ☞(3)答×

❏ 特許出願人は、特許出願に係る発明の内容を記載した書面を提示して警告をしなかった場合であっても、補償金の支払を請求することができる場合がある。[H23-27 改] ☞(3)答○

❏ 特許権者でない甲が、出願公開に係る補償金を当該特許権の設定の登録後に支払った場合、特許権者は、甲に対し、当該特許権の行使をすることができない。[H17-14]

☞(5)答×

❏ 補償金請求権は、特許出願を放棄した場合には請求ができない。[予想問]　　　　　　　　　　　　　　☞(6)答○

❏ 特許権の設定の登録の日から3年を経過したときは、その特許権に係る特許出願の出願公開に係る補償金請求権を行使することができる場合はない。[H17-14]　　☞(8)答×

権　　利

1 特許権の発生等

1　特許権の発生

(1)特許権は、第1年〜第3年分の特許料を納付することにより設定登録され、それを条件として発生する（66条1項・2項）。

⇨上記特許料を納付しなくても特許権が設定登録されるのは、①出願人が国の場合、②納付を免除された場合、③納付を猶予された場合である（107条2項、66条2項）。

(2)出願人が地方公共団体の場合は、国の場合と異なり、特許料を納付しなければ、特許権は発生しない。

2　特許掲載公報

(3)特許掲載公報は、権利公示書面のため、権利公示と無関係な外国語書面、外国語要約書面は掲載されない（66条3項各号）。

(4)特許掲載公報は、権利公示書面だが、出願公開がされていない場合は、技術文献でもあるため、要約書が掲載される（66条3項但書）。

3　特許権の始期・終期

(5)特許権は、設定登録時から発生する（66条1項）。

⇨終期は出願日から20年で満了する。存続期間の延長登録がなされた場合には、更に特許権が存続する。

⇨出願日から20年を超えて存続する場合がある。

(6)国内優先権・パリ優先権の主張を伴う特許出願が、特許権になった場合は、原則として、後の出願の日・我が国の出願の日の翌日が、存続期間の起算日となる。

学習日	月 日	月 日	月 日	月 日
正答数	／7	／7	／7	／7

出た過去問！
出る予想問！ 目標 **4** 分で答えよう

3章
特許権の発生等

❏ 特許法上の規定によれば、第1年から第3年までの各年分の特許料の納付がなくても特許権の設定の登録がされる場合がある。[R1- 特実 9]　☞(1)答〇

❏ 出願人が国、地方公共団体のいずれの場合も、特許料を納付しなくても特許権が発生する。[予想問]　☞(2)答×

❏ 出願公開公報が発行される前に、設定登録になり特許掲載公報が発行された場合には、特許掲載公報は権利公示書面であるとともに技術文献でもあるから、外国語書面、外国語要約書面も掲載される。[予想問]　☞(3)答×

❏ 特許出願の出願公開がされている場合には、要約書は特許掲載公報に掲載されない。[予想問]　☞(4)答〇

❏ 特許権の存続期間の終期は、商標同様に設定登録の日から起算される場合がある。[予想問]　☞(5)答×

❏ 特許出願に基づく優先権主張（特許法第41条）を伴う出願に係る特許権の存続期間は、先の出願の日から20年を超える場合はない。[S61-17]　☞(6)答×

❏ 第一国出願の日の後に日本国において特許出願がなされ、その特許出願がパリ条約による優先権の主張を伴う場合、特許権の存続期間は、当該第一国出願の日から20年をもって終了する。ただし、特許権の存続期間の延長登録の出願はないものとする。[H22-1]　☞(6)答×

2 延長登録出願(1)

1 延長登録出願の要件：67条2項延長

(1)設定登録が基準日以降にされた場合は、延長登録出願が
　できる(67条2項)。

⇨基準日は、特許出願の日から起算して5年を経過した日
　又は出願審査の請求があった日から起算して3年を経過
　した日のいずれか遅い日である。

(2)67条2項延長ができる期間は、［基準日から特許権の設
　定登録の日までの期間に相当する期間］－［67条3項各号
　に掲げる期間(出願人の責めに帰する期間、審判・裁判に関す
　る期間等)について合算した期間に相当する期間］で算出
　された期間である。

2 延長登録出願の要件：67条4項延長

(3)延長登録出願は、他の法律(例農薬取締法)の制限により
　実施ができない期間が1日でもできる(67条4項)。

3 延長登録出願の手続

(4)67条4項延長における他の法律の制限によって実施がで
　きなかった期間の始期は、処分を受けるのに必要な試験
　を開始した日又は特許権の設定登録の日のうちいずれか
　遅い方である。その終期は、承認又は登録が申請者に到
　達し、処分の効力が生ずる日の前日までである。

(5)延長登録出願は、原則として、処分を受けた日から3月
　以内にしなければならない。

⇨不責事由がある場合には、これを超えてできる場合がある。

(6)他の法律によって実施が制限された場合の延長は、5年
　を限度として行うことができる(67条4項)。

学習日	月　日	月　日	月　日	月　日
正答数	／6	／6	／6	／6

出た過去問！ 出る予想問！ 目標**4**分で答えよう

❏ 設定登録が<u>特許出願の日から起算して 4 年を経過した日又は出願審査の請求があった日から起算して 3 年を経過した日のいずれか遅い日</u>以降にされ場合は延長登録出願ができる旨規定されている。[予想問]　　　　☞(1)㊜×

❏ 67 条 2 項延長の延長することができる期間は、<u>基準日から特許権の設定登録の日までの期間に相当する期間</u>である。[予想問]　　　　☞(2)㊜×

❏ 他の法律の規定により、実施をすることができない期間が 2 年未満であっても、67 条 4 項の延長登録出願ができる場合がある。[予想問]　　　　☞(3)㊜○

❏ 政令で定める処分を受けるために特許発明の実施をすることができない期間は、その処分の申請人にその処分が到達することにより処分の効力が発生した日の前日を終期とする。[H27-16]　　　　☞(4)㊜○

❏ 特許法第 67 条第 4 項の政令で定める処分を受けた日から 3 月を経過した後は、存続期間の延長登録出願をすることができる場合は<u>ない</u>。[H10-1 改]　　　　☞(5)㊜×

❏ 政令で定める処分を受けることが必要であるために、その特許発明の実施をすることができない期間があったときの延長は 5 年を限度とする。[H27-16 改]　　　　☞(6)㊜○

3 延長登録出願(2)／相続人の不存在

必ず出る！
基礎知識 目標 **6** 分で覚えよう

1 延長登録出願ができる期間：67条2項の延長登録出願

(1)審査期間補償の場合の延長登録出願(67条2項)は、原則として、登録日から<u>3月間</u>である(67条の2第3項)。

⇨不責事由による追完がある。

(2)審査期間等補償の延長登録出願は、<u>共有者全員</u>で行う。

⇨全員で延長登録出願をしない場合、<u>拒絶・無効理由</u>となる。

2 延長登録出願ができる期間：67条4項延長登録出願

(3)他の法律により実施が制限された場合(67条4項)の延長登録出願は、「政令で定める処分を受けた日から政令で定める期間内」(<u>3月内</u>)にできる。なお、追完がある。

3 延長登録出願の単位

(4)67条4項の延長登録出願は、<u>処分ごと</u>にすることができる。

(5)67条4項の延長登録出願の延長期間の記載が5年を超えた場合には、拒絶理由ではなく<u>補正命令</u>がなされる。

4 延長登録出願人

(6)延長登録出願をすることができる者は、<u>特許権者</u>だけである(67条の7第1項4号)。特許権が共有の場合は、<u>全員</u>で行う必要がある。

⇨実施の制限を受けた者が<u>実施権者</u>である場合でも、<u>特許権者</u>でなければ、延長登録出願はできない。

5 相続人不存在の場合の特許権の消滅

(7)相続人不存在の場合、特許権は<u>消滅</u>する(76条)。

⇨国庫に帰属することはない。

学習日	月 日	月 日	月 日	月 日
正答数	／7	／7	／7	／7

出た過去問！
出る予想問！ **目標 4 分で答えよう**

3章
延長登録出願(2)／相続人の不存在

❑ 期間補償の延長登録出願は、登録日から3月を超えてできる場合がある。［予想問］　☞(1)答〇

❑ 期間補償の延長登録出願の特許権が共有の場合、全員で延長出願をしなければ延長拒絶理由となる。［予想問］☞(2)答〇

❑ 他の法律により実施が制限された場合の延長登録出願は、処分を受けた日から3月を超えてできる場合がある。［予想問］　☞(3)答〇

❑ 特許権者は、存続期間が第67条第4項に規定する政令で定める処分に基づいて延長されているときに、当該処分とは異なる処分に基づいて延長登録を受けることができる場合がある。［H16-33 改］　☞(4)答〇

❑ 他の法律の制限で特許発明の実施をすることができなかった期間が6年である場合において、当該延長登録出願の出願人が6年の存続期間の延長を求めたときは、審査官は、そのことを理由とした拒絶の理由を通知しなければならない［H15-43 改］　☞(5)答✕

❑ 特許権についての専用実施権を有する者が、特許法第67条第4項の政令で定める医薬品医療機器等法に規定する医薬品に係る承認を受けた場合、当該専用実施権者は、医薬品等の特許権の存続期間の延長登録の出願をすることができる。［H21-48］　☞(6)答✕

❑ 特許権は、民法第958条（相続人の捜索の公告）の期間内に相続人である権利を主張する者がないときは、国庫に帰属する。［H21-48］　☞(7)答✕

4 特許権の効力

1 特許権の効力

(1)特許権者は、業として特許発明の実施をする権利を専有する(68条)。業は、営利性・反復継続性を問わない。

⇨業として実施をしなければ、侵害の責めを問われない。

(2)特許権の全範囲に専用実施権を設定した場合は、特許権者の実施でも、専用実施権の侵害となる(68条但書)。

(3)特許権者は、専用実施権を設定した場合でも、差止請求権を行使することができる(100条1項参照)。

(4)2条3項各号の実施行為は、それぞれ独立であり、1つの行為が適法でも、他の行為が適法であるとは限らない。

2 権利消尽・並行輸入

(5)特許権者等(許諾を受けた実施権者)が日本国内において特許製品を譲渡した場合は、特許権は消尽したものと評価され(消尽説)、特許権の効力は及ばない。

(6)並行輸入において、特許権者が留保を付さないまま特許製品を国外において譲渡した場合には、特許権を行使することは許されない(判例)。

(7)特許権者等が我が国において譲渡した特許製品につき加工や部材の交換がされ、それにより当該特許製品と同一性を欠く特許製品が新たに製造されたものと認められるときは、特許権者は、その特許製品について、特許権を行使することが許される。

⇨「特許製品の新たな製造」に当たるかどうかは、当該特許製品の属性、特許発明の内容、加工及び部材の交換の態様のほか、取引の実情等も総合考慮して判断される。

学習日	月 日	月 日	月 日	月 日
正答数	／7	／7	／7	／7

出た過去問！
出る予想問！ 目標**4**分で答えよう

3章

特許権の効力

❏ 特許発明の技術的範囲に属する発明を実施する場合は常に、特許権を侵害する。[S57-46]　　　　☞(1)圀×

❏ 技術的範囲に含まれるラジオ受信機を1台製造して家庭内に設置し、個人で楽しむためにラジオ放送を受信する行為は、特許権の侵害となる。[H17-20 改]　　　☞(1)圀×

❏ 特許法上、特許発明の実施が特許権者の行為であれば、当該特許権に関する権利の侵害となる場合はない。[H12-30]　　　　☞(2)圀×

❏ 特許権者は、その特許権について専用実施権を設定したときは、当該特許権に基づく差止請求権を行使することはできない。[H22-33]　　　　☞(3)圀×

❏ 特許発明「乳酸飲料の製造方法」に係る特許権がある場合に、正当な権原のない乙による当該方法の試験により製造した乳酸飲料を正当な権原のない食品メーカー甲が購入し、販売する行為は特許権の侵害とはならない。[H6-9]　　　　☞(4)圀×

❏ 特許権者から当該特許に係る模型を購入した卸売会社甲が、その模型を小売店に販売する行為は特許権の侵害とはならない。[H7-10 改]　　　　☞(5)圀○

❏ 加工や部材の交換が新たな製造に当たるかどうかについては、当該特許製品の属性、特許発明の内容、加工及び部材の交換の態様のほか、取引の実情等も総合考慮して判断される。[H26-28 改]　　　　☞(7)圀○

1 判定の性質

(1)判定（71条1項）は、特許発明の技術的範囲に属するか否かについての特許庁の公的鑑定書の性質を有するものである。

2 判定の審理

(2)判定は、3名の審判官の合議体で審理される。

(3)判定は、権利消滅後でも請求ができる。

⇨権利消滅後であっても損害賠償請求が可能だからである。

(4)判定の審理は、原則、書面審理である（71条3項）。

(5)判定の審理は、当事者の申立て又は職権で、口頭審理とすることができる（71条3項）。

(6)判定には、いわゆる一事不再理（167条）の適用はない。

(7)判定の審理が口頭審理による場合は、その口頭審理は、審判長が必要と認めるときは、非公開となる（71条3項）。

⇨「必要」と認められるのは、公序良俗違反の場合だけではない。

⇨必要性の判断は、審判官の全会一致である必要はない。

(8)判定には、参加制度はない。

(9)先使用権の有無は、判定の対象にはならない。

3 判定の結論・結論に対する不服申立て

(10)判定の結論には、法的拘束力がない。

(11)判定の結論に対して、不服申立てはできない。

◉ 出た過去問！ 出る予想問！ **目標4分で答えよう** ◉

3章

判

定

❏ 判定は3名又は5名の審判官の合議体により審理される。
[S63-35 改]　　　　　　　　　　　　　　　☞(2)答✕

❏ 特許権が消滅した後は、当該特許発明の技術的範囲について判定を求めることができる場合はない。[H11-37] ☞(3)答✕

❏ 判定の審理は、書面審理を原則とする。[S63-35]　☞(4)答◯

❏ 判定の審理を口頭審理によるものとするのは、当事者の申立があった場合に限られる。[H11-37]　　　　☞(5)答✕

❏ 判定書の謄本の送達後は、当該判定請求と同一の事実及び同一の証拠に基づいて、当該特許発明の技術的範囲について、再度、判定を求めることができる場合はない。[H11-37]
☞(6)答✕

❏ 判定の審理が口頭審理によりなされる場合、その口頭審理は、公の秩序又は善良の風俗を害するおそれがあるときに限り、非公開で行われる。[H12-33]　　　　　☞(7)答✕

❏ 判定が口頭審理でなされる場合は、利害関係人はその審理に参加することができる。[H12-33]　　　　　☞(8)答✕

❏ 判定の審理において、被請求人が答弁としていわゆる先使用権を有する旨を主張した場合であっても、その先使用権の有無については審理されない。[S63-35]　　☞(9)答◯

❏ 判定の結論は当事者を拘束しない。[S57-31]　☞(10)答◯

❏ 判定請求人は、判定の結論に不服があるとき、東京高等裁判所に訴えを提起することができる。[H12-33]　☞(11)答✕

1 文言解釈

(1)特許発明の技術的範囲は、<u>特許請求の範囲</u>の記載に基づいて定めなければならない(70条1項)。

(2)審査等の場合は、特段の事情がある場合に限って<u>明細書</u>の記載を参酌するが、侵害訴訟の場合は、特段の事情がないときでも<u>明細書</u>の記載を参酌する場合がある。

2 均 等 論

(3)特許請求の範囲には記載されていないが、その文言と実質的に同一(均等)であるため侵害とされる場合がある。その要件は以下の通りである。

①当該部分が特許発明の<u>本質的部分</u>ではないこと。

②当該部分を対象製品等におけるものと置き換えても、特許発明の<u>目的</u>を達することができ、<u>同一の作用効果</u>を奏するものであること。

③このような置換えに、当該発明の属する技術の分野における通常の知識を有する者(<u>当業者</u>)が、対象製品等の製造等の時点で<u>容易に想到</u>することができること。

④対象製品等が、特許発明の特許出願時における<u>公知技術</u>と同一、又は当業者がこれから出願時に<u>容易に推考</u>できたものではないこと。

⑤対象製品等が特許発明の特許出願手続において特許請求の範囲から意識的に除外されたものに当たる等の特段の事情のないこと。

⇨③は、<u>製造時</u>を基準に判断する点に留意。

出た過去問！ 出る予想問！ 目標 **4** 分で答えよう

3章

文言解釈／均等論

❏ 特許請求の範囲の請求項の記載が機能的な表現を含んでいる場合、その請求項に係る特許発明の技術的範囲は、常に願書に添付した明細書に記載した実施例に限定して定められる。[H18-52] ☞(1)答×

❏ 特許権の侵害訴訟における特許発明の技術的範囲の解釈においては、特段の事情のある場合に限って、明細書の発明の詳細な説明を参酌することが許される。[H25-27 改] ☞(2)答×

❏ 特許権侵害訴訟において、特許請求の範囲に記載された構成中に、その特許権を侵害したと主張されている相手方製品と異なる部分が存するとしても、当該相手方製品は、特許請求の範囲に記載された構成と均等なものとして、その特許発明の技術的範囲に属すると解される場合がある。その場合、特許権の侵害を主張する者は、特許請求の範囲に記載された構成のうち、相手方製品と異なる部分をその相手方製品におけるものと置き換えることについて、当業者が当該特許権の設定登録の時点において容易に想到し得たことを、要件の1つとして主張し、立証しなければならない。[H19-48] ☞(3)答×

❏ 特許権侵害訴訟において、対象製品等が特許発明の特許出願手続において特許請求の範囲から意識的に除外されたものにあたる等の特段の事情がないことは、当該対象製品等が、特許請求の範囲に記載された構成と均等なものとして、特許発明の技術的範囲に属するものとされるための要件の一つである。[H20-10] ☞(3)答○

特許権の効力の及ばない範囲

1 国際交通の利便性等

(1)特許権の効力は、国際交通の利便性の観点から、日本国内を通過するにすぎない航空機等や、その運行のために用いる機械・器具等に対しては及ばない(69条2項1号)。

⇨特許法には、航空機や船舶に関する方法に特許権がある場合に効力が及ばないとする規定はないが、この場合は、パリ条約5条の3の規定が直接適用され、結果的に、当該方法にも特許権の効力は及ばない。

(2)出願時点で日本国内にあった物に対しては、特許権の効力は及ばない(69条2項2号)。

⇨その物に先使用権が発生するわけではない。

⇨新たな物を生産した場合は、侵害となる。

2 試験・研究

(3)69条1項の試験・研究とは、①特許性調査、②機能調査、③改良・発展を目的とする試験を意味する。

⇨経済性調査のための試験・研究は、ここに含まれない。

(4)医薬品医療機器等法の承認のための試験研究は、その趣旨からすれば、69条1項の試験・研究に該当するか否か疑問である。但し、先発の特許権の期間満了後に、医薬品医療機器等法の試験・研究をし、その後販売をした場合には、存続期間の実質的延長になる。そのため、①生産量が試験・研究に必要な数量で、②先発特許権の期間満了後に当該医薬品を販売する目的の場合は、69条1項の「試験・研究」に該当し、特許権侵害とならない。

学習日	月 日	月 日	月 日	月 日
正答数	／4	／4	／4	／4

3章

特許権の効力の及ばない範囲

❏ 特許発明「航空機の気圧を調整する方法」に係る特許権が
ある場合、カナダ国籍の航空機が日本国内に給油のために
着陸した際に、その航空機の付属物を使用し、当該特許に
係る方法により航空機の気圧を調整する行為は特許権の侵
害とはならない。[H6-9]　　　　　　　　　　☞(1)答○

❏ 「自転車」に係る特許発明の技術的範囲に属する自転車が、
当該特許出願の時から日本国内にある場合、その自転車の
所有者が特許法第79条に規定する先使用による通常実施
権を有しないときであっても、その自転車には当該特許権
の効力が及ばない。ただし、当該特許出願は、分割又は変
更に係るものでも実用新案登録に基づく特許出願でもなく、
いかなる優先権の主張も伴わないものとする。[H18-22]

☞(2)答○

❏ 69条1項の「試験・研究」には、経済性調査のための試
験研究（市場販売テスト等）は含まれない。[予想問]

☞(3)答○

❏ 甲が医薬品についての特許権を有する場合に、乙が特許権
の存続期間の終了後に当該医薬品と有効成分等を同じくす
る医薬品を製造、販売することを目的として、その製造に
つき所定の法律に基づく承認申請をするため、特許権の存
続期間中に、特許発明の技術的範囲に属する医薬品を生産
し、これを使用して前記申請に必要な試験を行うことは、
特許法上の「試験又は研究のためにする特許発明の実施」
に当たり、特許権の侵害とはならない。[H25-27] ☞(4)答○

8 利用・抵触関係

1 特許法の利用

(1) 72条の利用には、<u>実施上の利用</u>と<u>思想上の利用</u>がある。

(2) 特許出願の出願日が<u>同日</u>の場合、利用関係は成立せず、両特許権者は、自己の特許発明の内容を自由に実施できる。

(3) 特許権者が<u>同一</u>の場合、利用関係は成立しない (72条)。

⇨ 先願が甲乙共有、後願が甲単独の特許発明の場合、甲に先願の実施権原があるため、甲は、原則として、後願の自己の特許発明の実施が可能である。

⇨ 先願甲単独、後願甲乙共有の特許発明の場合、乙には先願の内容を実施する権原がないから、乙は、後願の自己の特許発明の実施ができない。

(4) 先願の特許発明と、後願の特許発明とが利用関係にある場合でも、後願特許権者は、<u>通常実施権の許諾</u>をすることができる。

2 特許法の抵触

(5) 特許権との抵触、実用新案権との抵触は、<u>先後願の判断</u>がされる関係上、規定されていない (72条)。

(6) 72条において、抵触の対象として掲げられている権利は、他人の<u>意匠権・商標権</u>である。

⇨ <u>著作権</u>は、抵触の対象として掲げられていない。

(7) 利用抵触関係の後願者は、先願者との間で、①<u>特許権の譲渡・放棄交渉</u>、②<u>ライセンス交渉</u>、③<u>協議・裁定請求</u> (92条) が認められれば、実施をすることができる。

学習日	月　日	月　日	月　日	月　日
正答数	／6	／6	／6	／6

出た過去問！ 出る予想問！ 目標 4 分で答えよう

3章
利用・抵触関係

❑ 特許権者は、その特許発明が<u>その特許出願の日</u>の出願に係る他人の特許発明を利用するものであるときは、業としてその特許発明の<u>実施をすることができない</u>。[H16-33]
☞(2)答×

❑ 先願が甲乙共有に係る特許発明Aであり、後願が甲単独の特許発明Bであり、両者が利用関係にある場合には、甲は自己の特許発明Bを原則として自由に実施できる。[予想問]
☞(3)答○

❑ 甲及び乙の共有に係る特許権に関し、その特許発明イが、その特許出願の日前の出願に係る乙の特許発明ロを利用するものであるときは、甲は、特許発明ロを実施する何らかの権原がない限り、業として特許発明イを実施することができない。[H22-52]
☞(3)答○

❑ 利用関係に立つ後願特許権者も、全範囲に専用実施権の設定をした特許権者も実施が制限されているから、第三者に<u>通常実施権の許諾をすることができない</u>。[予想問]
☞(4)答×

❑ 特許法第72条において、抵触の対象として掲げられているのは、他人の意匠権、商標権及び<u>著作権</u>である。[予想問]
☞(6)答×

❑ 先願の特許発明と利用関係にある場合、先願者の承諾がなくても後願の特許発明の実施ができる場合がある。[予想問]
☞(7)答○

9 特許権の共有

1 共有の場合の移転

(1)特許権が共有の場合は、共有者全員の同意を得なくても、一般承継であれば、移転ができる(73条1項参照)。

⇨譲渡や質権の設定は、共有者全員の同意を得なければならないが、74条3項による持分の移転の場合は、同意が不要である。

2 共有の場合の特許発明の実施

(2)特許権が共有の場合は、他の共有者の同意を得なくても、特許発明全体の実施ができる。但し、特約がある場合には、実施が制限される(73条2項)。

3 共有の場合の持分放棄

(3)共有の場合の持分放棄は、同意不要である。

⇨他の共有者の持分が増加するだけだからである。

4 共有と権利行使

(4)共有に係る特許権の差止請求(100条)は、保存行為として、自己の持分権に基づき、単独で請求できる。

(5)共有に係る特許権の損害賠償請求・不当利得返還請求・補償金請求については、自己の持分権に基づき、単独で請求できる。

(6)専用実施権が共有の場合は、他の共有者の同意なく実施ができる(77条5項参照)。

⇨通常実施権の共有は、他の共有者の同意がなければ実施ができない(94条6項参照)。

学習日	月 日	月 日	月 日	月 日
正答数	／7	／7	／7	／7

○ 出た過去問！ 出る予想問！ **目標 4 分で答えよう** ○

3章

特許権の共有

❏ 甲及び乙の共有に係る特許権に関し、甲は、乙の同意を得なくても、その持分を移転することができる場合がある。
[H22-52]　　　　　　　　　　　　　　　　　　☞(1)答○

❏ 特許権が共有に係る時、<u>他の共有者の同意を得ることなくその持分を目的として質権を設定することができる</u>。[S59-33]　　　　　　　　　　　　　　　　　　☞(1)答×

❏ 特許権が<u>共有</u>に係るときは、各共有者は、<u>相続その他の一般承継の場合を除き</u>、必ず<u>他の共有者の同意を得なければその持分を移転することはできない</u>。[H24-45]　☞(1)答×

❏ 特許権が共有に係るとき、各共有者は、他の共有者全員の同意を得なければ、その特許発明の実施をすることができない場合がある。[H26-28]　　　　　　　　☞(2)答○

❏ 特許権が共有に係るときは、各共有者は、<u>自らの持分を放棄する場合には</u>、<u>他の共有者の同意を得なければならない</u>。[H30-特実14]　　　　　　　　　　　　☞(3)答×

❏ 特許権の共有者は、他の共有者とともにでなくても、侵害差止めの訴えを提起することができる。[H13-43]　☞(4)答○

❏ 特許権についての許諾による<u>通常実施権が共有に係るとき</u>、各共有者は別段の定めをした場合を除き、<u>他の共有者の同意を得ないで当該特許発明を実施することができる</u>。[S62-3]　　　　　　　　　　　　　　　　　　☞(6)答×

必ず出る！基礎知識　目標 **6** 分で覚えよう

1 特許権の移転

(1)特許権の移転は、請求項ごとにすることができない。

(2)特許権の移転は、有効な譲渡契約があり、それを前提とした登録がなければ、効力を生じない(98条1項1号参照)。

⇨登録官には、登録について実質上の審査権限がないからである。

2 移転請求

(3)冒認・共同出願違反がされた特許権について、本来特許を受ける権利を有する者は、当該特許権者に対し、移転を請求することができる(74条1項)。

⇨請求できる相手が冒認者ではない点に注意せよ。

(4)共同出願違反・冒認出願の特許権について74条の特許権の移転の登録がなされた場合には、特許権は、初めから当該登録を受けた者に帰属していたものとみなされる(74条2項)。

⇨その結果、冒認や共同出願違反の瑕疵も治癒する。

(5)共同出願違反・冒認出願の場合は、移転請求の登録がなされれば、補償金請求権は、初めから当該登録を受けた者に帰属していたものとみなされる(74条2項)。

(6)共有に係る特許権についての移転請求の場合、各共有者は、他の共有者の同意を得ないで持分の移転をすることができる(74条3項)。

学習日	月 日	月 日	月 日	月 日
正答数	／6	／6	／6	／6

出た過去問！ 出る予想問！ 目標 4 分で答えよう

☐ 2以上の請求項に係る特許権について、当該特許権者は、請求項ごとにその特許権を移転することができる。[H6-30]
☞(1)答×

☐ 甲から乙に対して特許権の移転がされたということについての偽造の譲渡証を添付した登録申請により甲から乙に対して移転の登録がされた場合、当該移転の登録が抹消される前であっても、その特許権の特許権者は甲である。[H25-48 改]
☞(2)答○

☐ 特許権の移転について登録をした場合であっても、その効力を生じない場合がある。[H10-1]
☞(2)答○

☐ 特許を受ける権利を有する者は、特許権の移転を求める場合には、常に冒認出願を行った者に対して移転請求を行う必要がある。[予想問]
☞(3)答×

☐ 特許がその発明について特許を受ける権利を有しない者の特許出願に対してされた場合、当該特許に係る発明について特許を受ける権利を有する者は、経済産業省令で定めるところにより、その特許権者に対し、当該特許権の移転を請求することができ、当該請求に基づく特許権の移転の登録があったときは、当該特許権に係る発明についての特許法第65条第1項の規定による補償金請求権は、初めから当該登録を受けた者に帰属していたものとみなされる。[H24-45]
☞(5)答○

☐ 特許権が共有に係るときは、各共有者は、相続その他の一般承継の場合を除き、必ず他の共有者の同意を得なければその持分を移転することはできない。[H24-45]
☞(6)答×

1 専用実施権の性質

(1)専用実施権者は、特許権者の承諾がある場合に限り、<u>通常実施権を許諾</u>することができる(77条4項)。

⇨専用実施権は用益物権的権利であり、使用・収益という用益権能を有するためである。

(2)専用実施権は、独占排他権であるから、<u>同一内容</u>のものを設定することはできない。

⇨時間的・内容的・地域的な範囲が異なれば、同時期に複数の専用実施権の設定が認められる。

2 専用実施権の移転

(3)専用実施権を移転できるのは、①実施の事業と<u>ともに</u>する場合、②<u>特許権者の承諾</u>を得た場合、③相続その他の<u>一般承継</u>の場合に限られる(77条3項)。

(4)専用実施権も財産権であるから、<u>質権</u>の対象になる。質権の実行は移転を伴うため、質権の設定には、<u>特許権者の承諾</u>を得なければならない。

⇨現実に質権が実行され、専用実施権の移転が生じる際に、改めて特許権者の承諾を得る必要はない。

(5)専用実施権は、専用実施権者の許諾による通常実施権者がいる場合でも、<u>特許権者の承諾</u>がある場合に限り、<u>譲渡</u>することができる(77条3項)。

⇨専用実施権者の許諾による通常実施権がある場合でも、専用実施権の移転にあたって、当該通常実施権者の承諾は不要である。通常実施権者には<u>当然対抗制度</u>(99条)があり、専用実施権者が変わっても不利益がないからである。

学習日	月　日	月　日	月　日	月　日
正答数	／6	／6	／6	／6

出た過去問！
出る予想問！ 目標 **4** 分で答えよう

❑ 特許法上、通常実施権を許諾することができるのは特許権者に限られない。[H12-30] ☞(1)圏○

❑ 甲が自己の特許権について、乙に専用実施権を設定し、その登録がされている場合、丙に対して、当該特許権についての専用実施権を設定することができる場合はない。[R1-特実 11] ☞(2)圏×

❑ 通常実施権については、時間的、内容的、地理的等の制限を付すことができるが、専用実施権については、このような制限を付すことはできない。[H14-35] ☞(2)圏×

❑ 甲が自己の特許権について、乙に専用実施権を設定し、その登録がされている場合、乙の専用実施権は、実施の事業とともにする場合又は甲の承諾を得た場合に限り移転することができる。[R1- 特実 11] ☞(3)圏×

❑ 甲が自己の特許権について乙に専用実施権を設定し、その登録がされている場合において、乙は、甲の承諾を得て当該専用実施権について丙に質権を設定しその登録がされた。その後、丙が当該質権を実行して当該専用実施権を丙に移転するときは、当該移転について甲の承諾が必要である。[H21-59] ☞(4)圏×

❑ 専用実施権者は、当該専用実施権についての許諾による通常実施権を有する者があるときでも、当該特許権者の承諾を得た場合はその専用実施権を譲渡することができる。[H3-7] ☞(5)圏○

12 許諾通常実施権

1 通常実施権の許諾

(1)特許権者は、他人に通常実施権を許諾することができる（78条1項）。

(2)専用実施権者は、特許権者の承諾があれば、通常実施権を許諾することができる（77条4項）。

(3)特許権者が通常実施権の許諾をした後も、専用実施権の設定は可能である。

⇨通常実施権の許諾によって、特許権者の用益権能が制限されたわけではないからである。

(4)通常実施権は、時間的・地理的・内容的等の制限を付して許諾をすることができる。

⇨この点は、専用実施権の場合も同じである。

(5)通常実施権は、債権的な権利であるため、差止請求をすることができない（100条1項参照）。

(6)通常実施権者は、損害賠償請求をすることができない。

⇨侵害者が現れても、実施が制限されるわけではなく、損害が生じ得ないからである。

(7)独占的通常実施権は、債権的な権利であるため、差止請求をすることができない（100条1項参照）。

(8)独占的通常実施権者は、損害賠償請求をすることができる。

⇨独占的通常実施権者は、独占できる地位・期待を得ており、それに見合う実施料を権利者に支払っているのであり、第三者が実施することは、その地位を害し、期待権を奪うものだからである。

学習日	月 日	月 日	月 日	月 日
正答数	／6	／6	／6	／6

出た過去問！ 出る予想問！ 目標 **4** 分で答えよう

❏ 特許法上、通常実施権を許諾することができるのは特許権者に限られない。[H12-30]　　　☞(1)(2)答〇

❏ 特許権者は、通常実施権を許諾したときは、当該設定行為で定めた範囲について専用実施権を設定することはできない。[H16-33]　　　☞(3)答×

❏ 通常実施権については、時間的、内容的、地理的等の制限を付すことができるが、専用実施権については、このような制限を付すことはできない。[H14-35]　　　☞(4)答×

❏ 特許権者が独占的通常実施権を許諾したとき、当該通常実施権者は、いわゆる固有の差止請求権を有する。[H13-2]　　　☞(7)答×

❏ 特許権を侵害した者に対する損害賠償請求権の行使を独占的通常実施権者に認めた裁判例がある。[H12-43]　☞(8)答〇

❏ 特許権者との契約により独占的実施が認められた通常実施権者は、特許権を侵害する者に対して、差止請求権及び損害賠償請求権を行使することができる。[H17-23]　　　☞(7)(8)答×

13 先使用権

1 先使用権の発生要件 (79条)

(1)先使用権の発生は、特許発明の発明者と知得のルートが異なることが必要である。

⇨但し、①出願発明自体を冒認された発明者は、知得のルートは異ならないが、先使用権を有する。また、②発明者から知得して他人の出願の際に実施等していた者も、先使用権を有する。

(2) 79条の「発明の内容を知らないで」とは、特許出願時における知・不知は問題とされていない。

(3)先使用権は、特許出願の際現に日本国内において実施又は実施の準備をしていなければ、発生しない。

⇨①特許出願の後では、先使用権は発生しない。②先使用権者は、日本国内で実施等をしていなければならない。③「準備」とは、即時実施の意図を有しており、かつ、その即時実施の意図が客観的に認識される態様・程度において表明されていることを意味する (判例)。

2 先使用権の効果

(4)先使用権は、特許出願の際に先使用権者が現に実施又は準備をしていた実施形式だけでなく、これに具現された発明と同一性を失わない範囲内において変形した実施形式にも及ぶ (判例)。

(5)訂正審判の請求や特許権を放棄する場合には、先使用権者の承諾は不要である (97条参照、127条参照)。

(6)先使用権は、無償である。

学習日	月　日	月　日	月　日	月　日
正答数	／5	／5	／5	／5

◉ 出た過去問！ 出る予想問！ **目標 4 分で答えよう** ◉

3章

先使用権

❏ 特許出願に係る発明の内容を知らないで自らその発明をなした者以外の者が、当該特許権について先使用による通常実施権を有する場合はない。[S62-3] ☞(1)答×

❏ 甲の発明の内容を知らないで自らその発明をし、甲の特許出願の際現に日本国内においてその発明の実施である事業をしている乙は、甲の特許出願の出願時にその出願の発明の内容を知っている場合であっても、先使用による通常実施権を有することがある。[H26-49] ☞(2)答○

❏ 甲は、自らした発明Aについて特許出願をし、発明Aについて特許権を得た。一方、乙は、その特許出願に係る発明Aの内容を知らないで甲の特許出願前に自ら発明Aをしていたが出願手続をせず、甲の特許出願後に日本国内において発明Aの実施の準備をした。この場合、乙は当該特許権について先使用による通常実施権を有する場合がある。[S60-31] ☞(3)答×

❏ 特許出願に係る発明の内容を知らないで自らその発明をし、特許出願の際現に日本国内においてその発明の実施である事業をしている者又はその準備をしている者は、その具体的な実施形式に限り、その特許出願に係る特許権について通常実施権を有する。[H17-23] ☞(4)答×

❏ 訂正審判を請求するに際して、先使用による通常実施権を有する者がいる場合には、特許権者は、当該通常実施権を有する者の承諾を得なければ、訂正審判を請求することができない。[予想問] ☞(5)答×

14 他の法定通常実施権

1 特許権の移転の登録前の実施による通常実施権

(1) 79条の2の法定通常実施権は、有償である。

2 中 用 権

(2) 特許権についての専用実施権者・通常実施権者が、中用権を有する場合がある (80条1項3号)。

(3) 異議申立ての取消決定が確定し、特許権が消滅した場合、中用権は発生しない。

(4) 実用新案権者には、実用新案登録が無効にされたとしても、中用権は発生しない (80条1項各号参照)。

(5) 中用権は、有償である (80条2項)。

3 意匠権の存続期間満了後の法定通常実施権

(6) 81条の法定通常実施権は、意匠権が存続期間満了により消滅した場合に限り、発生する。

⇨ 登録料不納、無効審決の確定、権利放棄等で権利が消滅した場合、原意匠権者には法定通常実施権が生じない。

(7) 81条の法定通常実施権は、無償である。

(8) 意匠権者が許諾をした実施権者には、意匠権の存続期間満了により、原実施権の範囲内で法定通常実施権が発生する (82条)。

(9) 82条の法定通常実施権は、有償である。

学習日	月　日	月　日	月　日	月　日
正答数	／6	／6	／6	／6

出た過去問！
出る予想問！　**目標4分で答えよう**

❏ 特許権についての通常実施権を有する者が、いわゆる無効審判の請求の登録前の実施による通常実施権（特許法第80条）を有する場合がある。[H2-11]　　　☞(2)答○

❏ 甲の特許に係る発明と同一の考案であることを理由として、当該特許出願の日後の実用新案登録出願に係る乙の実用新案登録が無効にされた場合において、乙がある事業をしていた場合、乙はその実施をしていた考案及び事業の目的の範囲内において甲の当該特許権について特許法第80条の規定による通常実施権を有する場合がある。[H7-31]

☞(4)答✕

❏ 特許権者は、特許法第80条第1項の規定により当該特許権について通常実施権を有する原特許権者から、相当の対価を受ける権利を有する。[H11-40]　　　☞(5)答○

❏ 特許権者は、特許法第81条（意匠権の存続期間の満了後の実施権）の規定により当該特許権について通常実施権を有する原意匠権者から、相当の対価を受ける権利を有する。[H1-40]　　　☞(7)答✕

❏ 意匠権の存続期間満了後の通常実施権について、意匠権の存続期間の満了の際、その全範囲について専用実施権を有する者は、現に存する専用実施権について通常実施権を有する。[H4-29]　　　☞(8)答○

❏ 82条の法定通常実施権は、81条の法定通常実施権同様、無償である。[予想問]　　　☞(9)答✕

必ず出る！基礎知識 目標 **6** 分で覚えよう

1 不実施の裁定通常実施権の要件

(1)特許発明の実施が 3 年以上日本国内において適当にされていなくても、出願日から 4 年を経過していないときは、特許権者等に対し、通常実施権の許諾について協議を求めることができない（83条1項・2項）。

(2)不実施の裁定通常実施権は、裁定請求時に不実施でも、裁定時に実施がなされていれば、認められない。

(3)不実施の裁定制度は、実用新案法にはあるが、意匠法にはない。

2 裁定請求書の副本の送達

(4)特許庁長官は、不実施の裁定請求があったときは、特許権者・専用実施権者その他その特許に関し登録した権利を有する者（例質権者）に、裁定請求書の副本を送達し、相当の期間を指定して、答弁書を提出する機会を与えなければならない（84条）。

⇨通常実施権は、登録制度がないため、通常実施権者に裁定請求書の副本の送達はされない（84条）。

3 通常実施権者の意見の陳述

(5)不実施の裁定の請求があったときは、その特許に関し通常実施権を有する者は、特許庁長官が指定した「相当の期間」内に限り、その裁定の請求について意見を述べることができる（84条の2）。

⇨登録をしていない質権者は、意見を述べることができない。

学習日	月　日	月　日	月　日	月　日
正答数	／5	／5	／5	／5

● 出た過去問！ 出る予想問！ **目標 4 分で答えよう** ●

3章

不実施の場合の裁定

❏ 特許発明の実施が 3 年以上日本国内において適当にされていなくても、特許法第 83 条第 2 項に規定された裁定の請求ができない場合がある。[予想問]　　　☞(1)答○

❏ 特許権者甲は、特許出願の日から 3 年を経過した日に特許権の設定の登録を受けた。その登録の日から更に 4 年を経過した日から、甲は、その特許発明について適当な実施を開始し、現在に至るまで継続している。その後、第三者乙は、甲に対し、その特許権について、特許法第 83 条第 2 項に規定する不実施の場合の通常実施権の設定の裁定の請求の前提となる協議を求めることはできない。[H27-56]

☞(1)(2)答○

❏ 特許法第 83 条第 2 項に規定された裁定の請求があった場合において、当該裁定をする際、現に日本国内において当該特許発明が適当に実施されているときであっても、特許庁長官が通常実施権を設定すべき旨の裁定をする場合がある。[H6-7]　　　☞(2)答✕

❏ 裁定請求書の副本は、通常実施権者に送達されることはない。[予想問]　　　☞(4)答○

❏ 特許法第 83 条第 2 項（不実施の場合の通常実施権の設定の裁定）の裁定の請求があったとき、登録していない質権者でもその裁定の請求について意見を述べることができる旨特許法に規定されている。[H26-49]　　　☞(5)答✕

必ず出る！基礎知識 **目標 6 分で覚えよう**

1 裁定通常実施権を認める場合の手続

(1)特許庁長官は、裁定通常実施権を認める場合も、そうでない場合も、<u>工業所有権審議会</u>の意見を聴かなければならない(85条1項)。

⇨公共の利益のための裁定通常実施権の場合(93条)には、<u>経済産業大臣</u>が工業所有権審議会の意見を聴かなければならない。

(2)通常実施権を設定すべき旨の裁定においては、①通常実施権を設定すべき<u>範囲</u>、②<u>対価の額</u>、③<u>支払方法</u>、④<u>支払時期</u>を定めなければならない(86条2項各号)。

(3)裁定の額のみに不服がある場合は、行政不服審査法や行政事件訴訟法によらず、<u>対価の額の訴え</u>(183条)による。

(4)裁定の謄本の送達があったときは、裁定で定めるところにより、当事者間に<u>協議が成立</u>したものとみなされる(87条2項)。

2 裁定の失効

(5)裁定により示された金額を支払わない場合、裁定は<u>失効</u>する(89条)。

⇨取消(90条)ではない。

3 裁定の取消し

(6)特許庁長官は、次の場合に、利害関係人の請求又は職権で、裁定を<u>取り消す</u>ことができる(90条)。

　①裁定の理由の<u>消滅</u>その他の事由により当該裁定の維持が適当でなくなった場合。

　②裁定を受けた者が適当に実施しない場合。

学習日	月　日	月　日	月　日	月　日
正答数	／6	／6	／6	／6

出た過去問！ 出る予想問！ 目標 **4** 分で答えよう

3章

裁定・手続一般

❏ 特許法第 93 条第 2 項（公共の利益のための通常実施権の設定の裁定）に規定する裁定に関しては、経済産業大臣は、通常実施権を設定すべき旨の裁定をしようとする場合のみならず、請求を棄却する旨の裁定をしようとする場合であっても、工業所有権審議会の意見を聴かなければならない。[H14-47] ☞(1)答○

❏ 裁定の額のみに不服がある場合には、行政不服審査法上の審査請求又は行政事件訴訟法で争うことはできない。[予想問] ☞(3)答○

❏ 特許法第 83 条第 2 項の規定により通常実施権を設定すべき旨の裁定がされたときに、裁定で定めるところにより、当事者間に通常実施権の許諾についての<u>協議が成立したものとみなされる</u>。[H14-47] ☞(4)答×

❏ 通常実施権の設定を受けようとする者が裁定で定める支払の時期までに<u>対価の支払又は供託をしないとき</u>は、経済産業大臣又は特許庁長官は、通常実施権を設定すべき旨の裁定を取り消さなければならない。[H14-47] ☞(5)答×

❏ 特許庁長官は、その裁定を職権で取り消すことができる場合がある。[H6-2 改] ☞(6)答○

❏ 特許庁長官が特許法第 83 条第 2 項の規定により通常実施権を設定すべき旨の裁定をした後、<u>その裁定を取消すことができるのは、通常実施権の設定を受けた者が適当に当該特許発明の実施をしなかった場合に限られる</u>。[H8-27] ☞(6)答×

17 利用・抵触の際の裁定

1 利用・抵触関係にある場合の裁定通常実施権の要件

(1)利用発明(72条)の後願特許権者等は、先願特許権者等と協議し(92条1項)、協議が不調・不能の場合には、裁定を請求することができる(92条3項)。

⇨協議前置主義を採用している。

⇨先願と後願との間に利用・抵触関係の存在が必要である。

⇨通常実施権者からの裁定請求は認められない。

(2)利用発明(72条)の後願特許権者等から協議・裁定請求をされた先願特許権者等は、利用発明等の実施について協議し(92条2項)、協議が不調・不能の場合には、裁定を請求することができる(92条4項)。

(3)利用発明(72条)の後願特許権者等の裁定請求が認められない場合、先願特許権者等の裁定請求は認められない(92条6項)。

(4)両裁定請求に基づき通常実施権の設定を認めることが相手方の利益を不当に害することとなる場合には、裁定請求は認められない(92条5項)。

⇨①両当事者に技術上の格差がある場合、②両当事者に経済上の問題がある場合等が、これに該当する。

2 裁定請求と発信主義

(5)先願者からの裁定請求(92条4項)には、発信主義(19条)が採られる。答弁書提出期間内に請求しなければならないからである。

⇨後願者からの裁定請求(92条3項)は、いつでもできるので、到達主義が採られる。

◎ 出た過去問! 出る予想問! **目標 4 分で答えよう** ◎

❏ 特許に関し通常実施権を有する者は、その特許発明が特許法第72条（他人の特許発明等との関係）に規定する場合に該当するときは、同条の他人に対しその特許発明を実施するための通常実施権又は実用新案権若しくは意匠権についての通常実施権の許諾について協議を求めることができ、その協議が成立しないとき、特許庁長官の裁定を請求することができる。[H25-53]　　　　　　　　☞(1)🅰×

❏ 特許権者甲の発明イが、当該特許出願の日前の特許出願に係る乙の特許発明ロを利用するものである場合において、甲に対しイを実施するためのロに係る特許権についての通常実施権を設定すべき旨の裁定がされないときは、乙に対しロを実施するためのイに係る特許権についての通常実施権を設定すべき旨の裁定がされる場合はない。[H6-7]
☞(3)🅰○

❏ 特許発明が特許法第72条の規定に該当することを理由として、通常実施権を設定すべき旨の裁定の請求があった場合、特許庁長官は、利用関係があると認めたときは、通常実施権を設定すべき旨の裁定をしなければならない。[H12-43]　　　　　　　　☞(4)🅰×

❏ 裁定請求はいつでもできるから、常に到達主義が採られる。[予想問]　　　　　　　　☞(5)🅰×

18 公共の利益の裁定

1　公共の利益のための裁定通常実施権の要件

(1)特許発明の実施が<u>公共の利益</u>のために<u>特に必要</u>である場合には、裁定を請求することができる（93条1項・2項）。

(2)公共の利益のための裁定請求も、まずは<u>協議</u>を求めることが必要である（93条1項）。

(3)公共の利益のための裁定請求は、<u>経済産業大臣</u>に請求しなければならない（93条2項）。

⇨他の裁定（83条、92条）とは異なり、公共の利益のための裁定請求の請求先は、特許庁長官ではない。

2　公共の利益のための裁定の手続

(4)<u>経済産業大臣</u>は、公共の利益のための裁定請求（93条2項）があったときは、登録した権利を有する者に対して<u>副本</u>を送達し、<u>答弁書</u>を提出する機会を与えなければならない（93条3項で準用する84条）。

(5)公共の利益のための裁定の取消し（90条）も、<u>経済産業大臣</u>が行う（93条3項参照）。

(6)公共の利益のための裁定（93条）に対する不服申立ては、<u>経済産業大臣</u>に対して行う。

⇨上記(4)〜(6)はすべて、主体や宛先が特許庁長官ではなく、経済産業大臣であることに注意。

学習日	月　日	月　日	月　日	月　日
正答数	／6	／6	／6	／6

出た過去問！
出る予想問！　目標 **4** 分で答えよう

3章

公共の利益の裁定

□ 特許発明の実施が公共の利益のために必要な場合は常に、93 条の裁定通常実施権を求めることができる。[予想問]

☞(1)答×

□ 公共の利益のために特に必要な場合、協議をしている時間がないときは、協議をせずに裁定を請求することができる。[予想問]

☞(2)答×

□ 特許発明の実施が公共の利益のために特に必要である場合において、その特許発明の実施をしようとする者は、特許権者又は専用実施権者に対し通常実施権の許諾について協議を求めたところその協議が成立しなかったとき、特許庁長官の裁定を請求することができる。[H1-9]

☞(3)答×

□ 特許法に規定された裁定を求める手続において答弁書を提出すべき期間を指定することができるのは、特許庁長官に限られる。[H12-1]

☞(4)答×

□ 特許法第 93 条第 2 項（公共の利益のための通常実施権の設定の裁定）の裁定があった後に、その裁定を維持することが適当でなくなったとき、特許庁長官はその裁定を取り消すことができる。[H10-35]

☞(5)答×

□ 特許法第 93 条第 2 項（公共の利益のための通常実施権の設定の裁定）による裁定を受けた者は、その裁定で定められた通常実施権を設定すべき範囲について不服があるときは、特許庁長官に行政不服審査法による審査請求をすることができる。[H6-4]

☞(6)答×

19 通常実施権の移転等

1 通常実施権が移転できる場合

(1)許諾・法定通常実施権を移転できるのは、①実施の事業とともにする場合、②特許権者等の承諾を得た場合、③相続その他の一般承継の場合に限られる（94条1項）。

(2)専用実施権者が許諾をした通常実施権の移転は、専用実施権者・特許権者両者の承諾が必要（94条1項かっこ書）。

2 質権の客体となる通常実施権

(3)許諾・法定通常実施権は、質権の客体となる。

⇨質権の設定をする場合、特許権者・専用実施権者の承諾が必要である。但し、質権の実行により移転をする場合には、これらの承諾は不要である。

⇨裁定通常実施権は、質権の対象とならない（94条2項）。

3 裁定通常実施権の移転

(4)83条（不実施の場合の裁定）、93条（公共の利益のための裁定）による裁定通常実施権は、実施の事業とともにする場合に限り、移転をすることができる（94条3項）。

⇨特許権者の承諾があっても、一般承継の場合であっても、移転をすることができない。

(5)利用発明（72条）の後願特許権者等に認められた裁定通常実施権（92条3項）は、その通常実施権者の特許権等が事業とともに移転したときはこれに従って移転し、事業と分離して移転又は消滅したときは消滅する（94条4項）。

⇨他方、先願特許権者等に認められた裁定通常実施権（92条4項）は、その通常実施権者の特許権等に従って移転し、それが消滅したときは消滅する（94条5項）。

学習日	月 日	月 日	月 日	月 日
正答数	／6	／6	／6	／6

出た過去問！ 出る予想問！ **目標4分で答えよう**

3章

通常実施権の移転等

❑ 特許法第79条の規定による通常実施権（先使用による通常実施権）は、実施の事業とともに移転する場合に限り、移転することができる。[H23-2] ☞(1)答×

❑ 専用実施権者甲が乙に当該専用実施権についての通常実施権を許諾した場合、乙は、甲の承諾を得れば、常にその通常実施権を移転することができる。[H8-27] ☞(2)答×

❑ 通常実施権を目的として質権を設定した場合、その質権の実行による通常実施権の移転には、特許権者の承諾が必要である。[H24-34] ☞(3)答×

❑ 特許法第83条第2項、第93条第2項の裁定による通常実施権については、特許権者の承諾を得ても質権を設定することができない。[H26-49改] ☞(3)答○

❑ 特許法第83条第2項（不実施の場合の通常実施権の設定の裁定）の裁定による通常実施権の設定を受けた者が死亡し、一般承継の事由が発生したとき、その通常実施権は常に移転する。[H11-40] ☞(4)答×

❑ 特許権者甲は、特許権者乙の有する先願に係る特許権について、特許法第92条第3項（自己の特許発明の実施をするための通常実施権の設定の裁定）の規定による通常実施権の設定の裁定を請求をした。これに対し、乙は甲の有する特許権について、同条第4項の規定による通常実施権の設定の裁定を請求した。その後、甲及び乙は各自の請求に係る通常実施権の設定を得た。この場合、乙の当該通常実施権は、乙の当該特許権が実施の事業と分離して移転したときは、消滅する。[H20-42] ☞(5)答×

20 質 権

1 質権の対象

(1)特許権・専用実施権・通常実施権は、質権の目的となる。

⇨但し、特許を受ける権利は、質権の目的とならない。

2 質権者の実施

(2)質権者は、原則として実施ができないが、質権設定者（特許権者等）と特約を交わせば、実施ができる（95条）。

3 物上代位

(3)質権者は、特許発明の実施に対し受けるべき金銭等に対しても、優先弁済的効力（物上代位）が認められる場合がある（96条）。

⇨「特許発明の実施に対し受けるべき金銭」とは、ライセンス料・損害賠償債権などのことである。

(4)質権者は、質権の目的となっている特許発明の実施に対し受けるべき金銭から優先弁済を受けたい場合は、その払渡前に差押えをすることが必要である（96条但書）。

4 質権を設定する場合の要件

(5)特許権者が自らの特許権に質権を設定する際は、当該特許権に専用実施権の設定がある場合でも、専用実施権者の承諾は不要である。

⇨既に特許権に専用実施権の設定登録がなされている以上、その後に質権が設定されても、専用実施権者には何ら不利益がないからである。

学習日	月　日	月　日	月　日	月　日
正答数	／7	／7	／7	／7

出た過去問！ 出る予想問！ 目標 4 分で答えよう

3章

質

権

☐ 特許を受ける権利も財産権であるから、<u>質権の目的とする</u><u>ことができる</u>。［予想問］　　　　　　　　　　☞(1)圏×

☐ 特許権を目的として質権を設定したときは、<u>質権者は、常</u><u>に当該特許発明の実施をすることができる</u>。［S60-31］
　　　　　　　　　　　　　　　　　　　　　　☞(2)圏×

☐ 通常実施権を目的として質権の設定を受けた者が、当該特許発明を<u>実施することができる場合はない</u>。［H20-45］
　　　　　　　　　　　　　　　　　　　　　　☞(2)圏×

☐ 特許権を目的とする質権は、その特許権が侵害されたことによる損害賠償請求権の上にも効力がある。［H5-18］
　　　　　　　　　　　　　　　　　　　　　　☞(3)圏○

☐ 特許権を目的とする質権は、当該特許権者が、当該特許発明の実施に対し、<u>既に受け取った金銭に対して行うことが</u><u>できる</u>。［H5-18］　　　　　　　　　　　　　☞(4)圏×

☐ 特許権を目的とする質権は、当該特許権が侵害されたことによる損害賠償請求権に基づき受けるべき金銭に対しても行うことができる。ただし、その払渡前に差押をしなければならない。［H22-21］　　　　　　　　　　　　☞(4)圏○

☐ <u>甲の特許権Aについて、乙に専用実施権の設定の登録がさ</u><u>れている</u>。この場合、甲がAについて第三者に質権を設定するには、<u>乙の同意又は承諾を得なければならない</u>。［H20-45］　　　　　　　　　　　　　　　　　　☞(5)圏×

21 特許権等の放棄・登録

1 特許権の放棄の条件

(1)特許権の放棄には、次の者の承諾が必要である（97条1項）。

　①専用実施権者

　②質権者

　③職務発明（35条）の法定通常実施権者

　④専用実施権者が許諾した通常実施権者

　⑤特許権者が許諾した通常実施権者

⇨裁定通常実施権者の承諾は不要である。

(2)特許権は、請求項ごとに放棄ができる（185条）。

2 専用実施権の放棄

(3)専用実施権の放棄は、①質権者の承諾と、②専用実施権についての通常実施権者の承諾が必要である（97条2項）。

⇨特許権についての通常実施権者・質権者の承諾は不要である。

3 通常実施権の放棄

(4)通常実施権の放棄には、質権者の承諾が必要である（97条3項）。

4 特許権の移転と登録

(5)特許権は、各請求項について同一の記載を妨げないから（36条5項後段）、請求項ごとの移転はできない。

(6)特許権の移転は、移転の登録の前提として、譲渡契約が有効でなければならない（98条1項柱書参照）。

(7)一般承継による特許権の移転は、登録がなくても効力が生じる（98条1項1号かっこ書）。

⇨特許権の放棄による消滅には、登録が必要である。

○ 出た過去問！ 出る予想問！ **目標 4 分で答えよう** ○

3章

特許権等の放棄・登録

❏ 特許権の放棄の際、通常実施権者の承諾が不要な場合がある。[予想問]　　　　　　　　　　　　　　　　☞(1)答○

❏ 特許権者は、当該特許権について通常実施権がある場合において、<u>当該特許権を放棄するときは、いかなる場合であっても、常に、当該通常実施権者の承諾を得なければならない</u>。[H20-45]　　　　　　　　　　　　　☞(1)答×

❏ 二以上の請求項に係る特許権の放棄は、請求項ごとにすることができる。[H7-16]　　　　　　　　　　　☞(2)答○

❏ 特許権についての専用実施権を有する者は、<u>その特許権を目的とする質権が設定されている場合には、当該質権者の承諾を得なければ、その専用実施権を放棄することができない</u>。[H8-29]　　　　　　　　　　　　☞(3)答×

❏ 通常実施権者は、質権者があるときは、その承諾を得た場合に限り、その通常実施権を放棄することができる。[H24-34]　　　　　　　　　　　　　　　　　☞(4)答○

❏ 二以上の請求項に係る特許権について、当該特許権者は、<u>請求項ごとにその特許権を移転できる</u>。[H3-7]　☞(5)答×

❏ 特許権の移転について登録した場合であっても、その効力が生じない場合がある。[H10-1]　　　　　　☞(6)答○

❏ 特許権の相続による移転は、登録しなくてもその効力を生ずるが、相続人がその特許権を放棄した場合には、放棄による特許権の消滅は登録しなければその効力を生じない。[H26-52]　　　　　　　　　　　　　　☞(7)答○

1 通常実施権の発生後、特許権が移転等した場合の対抗要件

(1)通常実施権は、その<u>発生後</u>にその特許権、専用実施権、その特許権についての専用実施権を取得した者に対しても、その効力を有する(99条)。

⇨通常実施権の登録制度がなくなったため、登録をしなくても、これらの者にその効力を対抗できるようになった。これを<u>当然対抗制度</u>という。

2 通常実施権が移転等した場合の対抗要件

(2)通常実施権の移転を受けた者は、<u>特許権者の承諾又は譲渡人からの通知</u>がなければ、特許権者に対して自己が通常実施権者であることを対抗できない(民467条)。

⇨譲受人からの通知では、対抗できない。

⇨平成23年法改正前までは、通常実施権に登録制度があったので、通常実施権の移転がなされた場合は、登録が対抗要件(旧99条3項)であった。

⇨しかし、<u>当然対抗制度</u>の導入により通常実施権者の登録制度がなくなったので、旧99条3項に相当する規定はなくなった。

3 そ の 他

(3)<u>当然対抗制度</u>や、民法の<u>指名債権譲渡</u>により、実施権者は、特許権者等に対抗できる。しかし、<u>ライセンス料</u>等についてまで同様とする旨の規定はない。

学習日	月　日	月　日	月　日	月　日
正答数	／6	／6	／6	／6

❏ 許諾通常実施権は債権であるから、許諾を与えた特許権者に対してしか自己が通常実施権者であることを主張できない。［予想問］　☞(1)㊤×

❏ 通常実施権者は、特許権が譲渡された場合の新たな特許権者に対し、自己が通常実施権者である旨を対抗することができる。［予想問］　☞(1)㊤○

❏ 通常実施権は、その発生後にその特許権若しくは専用実施権又はその特許権についての専用実施権を取得した者に対しても、その効力を有し、また、通常実施権の移転は、何らの要件も備えることなく、第三者に対抗することができる。［H25-48］　☞(2)㊤×

❏ 通常実施権が移転された場合には、その旨の登録がなければ、特許権者に対し自己が通常実施権者である旨を対抗することはできない。［予想問］　☞(2)㊤×

❏ 特許権者甲から通常実施権の許諾を受けた乙は、実施の事業とともに通常実施権を丙に移転した。このとき、乙は、甲に移転の通知をした。その後、丙は実施の事業とともに通常実施権を丁に移転した。この移転について、丙が甲に通知をすれば、丁は甲に対し通常実施権の移転を対抗することができる。［H27-56］　☞(2)㊤○

❏ 通常実施権の許諾後、特許権が譲渡されても、通常実施権を特許権の譲受人に対抗できるが、ライセンス料等までも同様とする旨の規定はない。［予想問］　☞(3)㊤○

1 差止請求権の主体

(1)差止請求は、物権的請求権であるため、<u>特許権者又は専用実施権者</u>しかできない（100条1項）。

(2)<u>独占的通常実施権</u>は、債権的な権利であるため、当該権利者は差止請求をすることができない（100条1項参照）。

(3)特許権、専用実施権が共有の場合は、<u>自己の持分</u>に基づいて、<u>単独</u>で差止請求をすることができる。

(4)特許権者は、特許権の<u>全範囲</u>に<u>専用実施権</u>が設定された場合でも、差止請求をすることができる（100条1項）。

2 差止請求の性質

(5)差止請求は、<u>現在</u>の侵害又は<u>将来</u>の侵害に対し、その侵害の停止又は予防を請求するものである。

⇨過去の侵害に対しては、<u>損害賠償請求</u>のみが可能である。

(6)差止請求には、侵害者の<u>故意</u>又は<u>過失</u>のような<u>主観的要件</u>は必要ない（100条1項参照）。

⇨故意又は過失が要求されるのは、<u>不法行為</u>に基づく<u>損害賠償請求</u>（民709条）である。

(7)差止請求は、特許権者が<u>実施</u>をしていなくても可能。

3 付帯請求

(8)差止請求の付帯請求として、侵害行為を組成した物の<u>廃棄</u>や<u>除却</u>を請求することができる（100条2項）。

(9)差止請求の付帯請求では、侵害組成物の<u>引渡し</u>を求めることはできない（100条2項）。

学習日	月　日	月　日	月　日	月　日
正答数	／8	／8	／8	／8

出た過去問！
出る予想問！ 目標 **4** 分で答えよう

3章

差止請求

❏ 特許権者が独占的通常実施権を許諾したとき、当該通常実施権者は、いわゆる固有の差止請求権を有する。[H13-2]
☞(1)(2)答✕

❏ 特許権の共有者は、他の共有者とともにでなくても、侵害差止めの訴えを提起することができる。[H13-43]　☞(3)答○

❏ 甲が自己の特許権の全部の範囲について、乙に専用実施権を設定し、その登録がされている場合、甲は、当該特許権を侵害している丙に対して差止請求権の行使をすることができない。[R1-特実11]　☞(4)答✕

❏ 特許権者は、自己の特許権を侵害するおそれがある者に対し、その侵害の予防を請求することができる。[H24-12]
☞(5)答○

❏ 特許権者は、特許権を侵害する者に過失がなくとも、その者の特許権侵害行為の差止めを求めることができる。[H12-30]　☞(6)答○

❏ 特許権者は自ら実施をしていなくても、差止請求をすることができる。[予想問]　☞(7)答○

❏ 特許権者は、特許権についての侵害訴訟を提起する際に、特許権の侵害の行為を組成した物の廃棄や侵害の行為に供した設備の除却の請求のみをすることができる。[H12-20]
☞(8)答✕

❏ 特許権者は、侵害行為を組成した物の廃棄に代えて、その引き渡しを請求することはできない。[H13-2]　☞(9)答○

1 「のみ品」の判断

(1)間接侵害（101条1号・4号）の「のみ品」（専用品）の判断時は、①差止請求では口頭弁論終結時、②損害賠償請求では不法行為時である。

2 「不可欠品」

(2)間接侵害は、「のみ品」でなくても、特許が物（方法）の発明についてされている場合において、その物（方法）の生産（使用）に用いる物であってその発明による課題の解決に不可欠なものにつき、①その発明が特許発明であること、②その物がその発明の実施に用いられることを知りながら（悪意）、業として生産等をする行為は、当該特許権等の侵害とみなされる（101条2号・5号）。

⇨国内に一般に流通しているものであれば、間接侵害にならない（101条2号かっこ書・5号かっこ書）。

3 特許発明品の所持行為

(3)特許発明品を所持することは、特許発明の実施ではない。譲渡等又は輸出のために所持することは、特許権の侵害とみなされる。

⇨使用目的・生産目的のための所持は、特許権侵害とはみなされない。

4 汎用部品と間接侵害

(4)汎用部品であっても、その用途のみに使用できるように寸法などを裁断したものを実施する場合には、間接侵害となる場合がある。

学習日	月　日	月　日	月　日	月　日
正答数	／5	／5	／5	／5

出た過去問！
出る予想問！ 目標 **4** 分で答えよう

3章

間接侵害

❏ 特許権の設定登録の時には当該特許に係るエンジンにのみ
用いられていたピストンが、その後、当該特許に係るエン
ジン以外のエンジンにも用いられるようになった場合に、
権原のない甲が、その発明が特許発明であることを知らな
いで、そのピストンを製造し販売する行為は特許権の侵害
の行為に該当する。[H7-10 改]　　　　　　　☞(1)🖙×

❏ 特許が消しゴムで消せるボールペンの発明についてされて
いる場合において、そのボールペンの生産に用いるもので
あってその発明による課題の解決に不可欠なインキ用特殊
顔料につき、当該特殊顔料がその発明の実施に用いられる
ことを知りながら、業として、当該特殊顔料の譲渡の申出
をする行為は、常にその特許権を侵害するものとみなされ
る。[H25-26]　　　　　　　　　　　　　　☞(2)🖙×

❏ 特許が物Aの発明についてされている場合において、その
物Aの生産に用いる物Bが、外国において広く普及してい
たとしても、日本国内において普及していないときは、そ
の物Bを生産する行為について、特許法第101条第2号に
規定する間接侵害が成立することがある。[H26-32]

☞(2)🖙○

❏ 特許が物の発明についてされている場合において、その物
を業としての使用のために所持する行為は、当該特許権を
侵害するものとみなされる。[H24-5]　　　　☞(3)🖙×

❏ 特許権者は、当該特許権を侵害する行為に用いられる汎用
部品を供給する者に対して、損害賠償の請求をすることが
できる場合はない。[H13-32]　　　　　　　☞(4)🖙×

1 譲渡数量に基づく損害額の算定 (102条1項)

(1) 102条1項の損害賠償額は、侵害者の<u>譲渡数量</u>に、侵害行為がなければ権利者が販売できた物の<u>単位数量当たりの利益の額</u>を掛け合わせることで算定される。

⇨但し、譲渡数量が権利者の<u>実施能力</u>を超えていた、権利者が<u>販売することができない</u>という事情がある場合には、譲渡数量から控除される。なお、<u>ライセンス</u>ができる場合には、その金銭が合算される。

2 損害賠償額の推定 (102条2項)

(2) 特許権者等は、<u>侵害者側の利益額</u>を立証すれば、その額が損害の額と推定される。

⇨「みなされる」ではないので、反証は可能。

3 損害賠償額の最低保障 (102条3項)

(3) 特許権者等は、侵害者に対し、その実施の有無にかかわらず、<u>ライセンス料相当額</u>を常に請求できる。

⇨ライセンス料の算定において、特許権侵害の事実、権利者の許諾機会の喪失等の事情を考慮できる (102条4項)。

4 最低保障額を超える請求 (102条5項)

(4) 特許権者等は、102条3項のライセンス料相当額を超える損害賠償を請求することもできる。

⇨ 102条3項の額は、<u>最低保障額</u>にすぎず、それ以上の損害額が<u>立証</u>できれば、その額が損害賠償額となる。

⇨この場合、侵害者に<u>故意又は重大な過失</u>がなかったときは、裁判所は、損害額を減額することができる。

◉ 出た過去問! 出る予想問! **目標 4 分で答えよう** ◉

3章

立証の軽減規定(1)

❏ 特許権者が、その特許権を侵害した者に対し、特許法第102条第1項の規定に基づき、その者がその侵害の行為を組成した物を譲渡した数量に特許権者の製品の単位数量当たりの利益の額を乗じて得た額を、自己が受けた損害の額として損害賠償請求をする場合、上記数量の一部に相当する数量を特許権者が販売することができないとする事情があるときは、当該事情に相当する数量に応じた額が上記乗じて得た額から控除される。[H23-33]　　　　☞(1)❷○

❏ 侵害者の譲渡数量のうち、特許権者の生産能力等を超える数量については、侵害者にライセンス料相当額の損害賠償を請求できる場合がある。[予想問]　　　　☞(1)❷○

❏ 特許権者が、故意又は過失により自己の特許権を侵害した者に対しその侵害により自己が受けた損害の賠償を請求する場合において、その者がその侵害行為により利益を受けているときは、その利益の額をもって、特許権者が受けた損害の額とみなされる。[H7-47]　　　　☞(2)❷×

❏ 特許権者は、特許権侵害訴訟において、当該特許発明を全く実施していない場合や実施する能力がない場合であっても、その特許発明の実施料相当額を自己が受けた損害の額としてその賠償を請求することができる。[H16-5]☞(3)❷○

❏ 特許権者は、故意又は過失によりその特許権を侵害した者に対し、その特許発明の実施に対し受けるべき金銭の額に相当する額の金銭を、自己が受けた損害の額として請求することができるが、その金銭の額を超える損害の賠償の請求をすることはできない。[H18-6]　　　　☞(4)❷×

1 過失の推定

(1)特許権又は専用実施権を侵害した者には、過失があった
ものと推定される(103条)。

⇨特許権者等が過失の立証をする必要はない。

⇨「みなし」ではなく「推定」なので、反証は可能。

⇨実用新案権の侵害には、過失の推定規定がない。

2 生産方法の推定

(2)物を生産する方法の発明(2条3項3号)は、その物が出願
前に日本国内で公知でない場合、その物と同一の物は、
その方法により生産した物と推定される(104条)。

⇨優先権を伴う場合には、第1国の出願時を基準にその物
が公知か否かを判断する。

⇨「みなし」ではなく「推定」なので、反証は可能。

3 具体的態様の明示義務

(3)特許権又は専用実施権の侵害訴訟において、原告の主張
を被告が否認する場合、被告は、自己の行為の具体的態
様を明らかにしなければならない(104条の2)。

⇨但し、それを明らかにすることができない相当の理由が
ある場合は、この限りでない。

⇨「相当の理由」とは、①営業秘密が含まれている場合、
②主張すべき理由が何もない場合などをいう。

⇨具体的態様を明らかにしない場合でも、制裁措置はとら
れず、裁判官の心証形成が悪くなるだけである。

◉ 出た過去問！出る予想問！ **目標4分で答えよう** ◉

❑ 他人の特許権を侵害した者は、その侵害の行為について過失があったものとみなす。[H27-27]　　　☞(1)答✕

❑ 実用新案権の侵害があり、損害賠償請求をする場合には、実用新案権も掲載公報の発行がなされるので過失の推定があり、実用新案権者は過失の立証を必要としない。[予想問]　　　☞(1)答✕

❑ パリ条約による優先権の主張を伴う特許出願に係る特許発明が物の製造方法に関するものであるとき、その物が当該優先日前に日本国内において公然知られた物でないものであっても、わが国における特許出願前に日本国内において公然知られた物であるときは、その物と同一の物は、その方法により製造したものと推定することはできない。[H12-20]　　　☞(2)答✕

❑ 物を生産する方法の発明について特許がされている場合において、その物が当該特許出願前に日本国内において公然知られた物でないときは、その物と同一の物は、その方法により生産したものとみなされる。[H7-47]　　　☞(2)答✕

❑ 特許権侵害訴訟において、特許権者が侵害の行為を組成したものとして主張する物の具体的態様を否認するときは、相手方は、常に、自己の行為の具体的態様を明らかにしなければならない。[H15-54]　　　☞(3)答✕

❑ 具体的態様を否認するにもかかわらず、相当の理由なく、自己の行為の具体的態様を明らかにしない場合、制裁措置は設けられていないが、裁判官の心証を害する場合がある。[H27-27 改]　　　☞(3)答〇

1 特許権者等の権利行使の制限

(1)特許権侵害訴訟が提起された場合は、無効理由があれば、
<u>無効審判の請求</u>をしなくても、104条の3の<u>抗弁の提出</u>
をすることができる。

⇨<u>延長登録</u>に無効理由がある場合も同様である。

⇨無効理由があることが「明らか」という制限はない。

(2)無効審判の請求をした後に104条の3の抗弁の提出をす
ることも、104条の3の抗弁の提出をした後に無効審判
の請求をすることも、いずれも可能である。

2 特許権者等の権利行使の制限の審理

(3)104条の3の抗弁の提出が、<u>審理を不当に遅延</u>させるこ
とを目的として提出されたものと認められたときは、時
機に後れたものでなくても、裁判所は、申立てにより又
は職権で、<u>却下の決定</u>をすることができる（104条の3第2
項）。

3 特許権者等の権利行使の制限の抗弁を提出できる者

(4)104条の3の抗弁の提出は、無効審判を請求できる者に
限られない（104条の3第3項）。

⇨特許権侵害訴訟の被告は、特許を受ける権利を有する者
でなければ、冒認・共同出願違反の瑕疵を根拠に<u>無効審
判の請求</u>はできないが、特許を受ける権利を有する者で
なくても、<u>104条の3の抗弁の提出</u>は可能である。

学習日	月 日	月 日	月 日	月 日
正答数	／6	／6	／6	／6

出た過去問！出る予想問！ 目標 **4** 分で答えよう

❏ 特許権侵害訴訟において、当該特許が特許無効審判により無効にされるべき旨の抗弁が認められるためには、<u>特許無効審判を請求することが必要である。</u>[H22-33]　☞(1)答×

❏ 特許法第104条の3の抗弁を提出できるのは、<u>明らかに無効理由がある場合に限られる。</u>[予想問]　☞(1)答×

❏ 被告は、当該特許権の存続期間の延長登録が<u>延長登録無効審判により無効にされるべきものであるとの防御の方法を提出することはできない。</u>[H24-12]　☞(1)答×

❏ 被告が104条の3の抗弁を提出した場合に、その主張が審理を不当に遅延させることを目的として提出されたものである場合、時機に後れたものでなくとも、裁判所は、職権で却下の決定をすることができる。[R1-特実2]　☞(3)答○

❏ 特許権侵害訴訟において、当該特許が特許無効審判により無効にされるべきか否かが争われた場合に、審理を不当に遅延させることを目的として提出された攻撃又は防御の方法については、裁判所は、<u>特許権者の申立てがなければ却下の決定をすることができない。</u>[H20-10]　☞(3)答×

❏ 特許権侵害訴訟における被告は、当該被告が当該特許に係る発明について特許を受ける権利を有する者でなくても、特許法第123条第1項第6号に規定する無効理由（いわゆる冒認）に基づいて、特許法第104条の3第1項の規定による抗弁を主張することができる。[H26-32]　☞(4)答○

1 主張の制限(無効・取消決定の確定の場合)

(1)特許権侵害訴訟等の判決確定後に無効審決等が確定した場合、再審の訴えはできない(104条の4第1号・2号)。

⇨侵害訴訟の認容判決確定後に無効審決に対する審決取消訴訟の棄却判決が確定すれば、無効審決が確定するため、再審の訴えは制限される。

(2)再審の訴えにおいて、無効審決の確定、取消決定の確定、延長登録無効審決の確定をしたことを主張できない終局判決は、以下の訴訟に関するものである。

　①特許権侵害訴訟の終局判決に対する再審の訴え。

　②専用実施権侵害訴訟の終局判決に対する再審の訴え。

　③補償金支払請求訴訟の終局判決に対する再審の訴え。

　④特許権等の侵害訴訟又は補償金支払請求訴訟を本案とする仮差押命令事件の債権者に対する損害賠償の請求を目的とする訴え。

　⑤特許権等の侵害訴訟又は補償金支払請求訴訟を本案とする仮処分命令事件の債権者に対する損害賠償及び不当利得返還の請求を目的とする訴え。

2 主張の制限(訂正の場合)

(3)訂正をすべき旨の決定又は審決が政令で定めるものである場合、再審の訴えはできない(104条の4第3号)。

⇨無効審決や取消決定と異なり、全てが消滅するわけではないので、訂正すべき旨の審決・決定の全てが民訴上の再審の訴えを制限するわけではない。

学習日	月　日	月　日	月　日	月　日
正答数	／4	／4	／4	／4

出た過去問！
出る予想問！　**目標 4 分で答えよう**

❑ 特許権侵害訴訟において損害賠償を命ずる終局判決を受けた侵害者が、特許権者に対し、当該終局判決に基づいて損害賠償金を支払った場合、当該終局判決が確定した後、当該特許権に係る特許を無効にすべき旨の審決が確定しても、当該侵害者は、当該終局判決に対する再審の訴えにおいて、当該審決が確定したことを主張することができない。[H29-特実5]　　　　　　　　　　　　　　☞(1)(2)答○

❑ 特許権侵害訴訟において被告敗訴の終局判決が確定した。その後、当該特許を無効にすべき旨の審決に対する訴えの棄却判決が確定した場合、当該侵害訴訟の被告であった者は、当該終局判決に対する再審の訴えにおいて、当該審決が確定したことを主張することができる。[H24-24]

☞(1)(2)答×

❑ 特許権侵害訴訟の終局判決が確定した後に、当該特許の願書に添付した明細書、特許請求の範囲又は図面の訂正をすべき旨の審決が確定した場合は、当該終局判決に対する再審の訴えにおいて、当該審決が確定したことを主張することができる場合はない。[H25-57]　　　　　　☞(3)答×

❑ 特許権侵害訴訟の終局判決が確定した後に、当該特許の願書に添付した明細書、特許請求の範囲又は図面の訂正をすべき旨の審決が確定した場合は、当該終局判決に対する再審の訴えにおいて、当該審決が確定したことを主張することができない場合がある。[予想問]　　　　　　☞(3)答○

必ず出る！基礎知識　目標 **6** 分で覚えよう

1 書類の提出等(105条1項)

(1)裁判所は、侵害行為の立証又は損害額の立証のために、当事者の申立てにより、書類の提出を命ずることができる。

⇨職権で書類提出を命ずることはできない。

⇨原告・被告いずれも申し立てることができる。

⇨営業秘密があるような場合には、応じる必要がない。

(2)書類提出命令における書類の必要性及び書類の提出を拒む正当な理由の有無の判断については、裁判所によるインカメラ手続により行うことができる。

2 損害の計算のための鑑定(105条の2の11)

(3)当事者の申立てにより裁判所が損害の鑑定を命じたときは、当事者は、鑑定人に対し、必要な事項を説明しなければならない。

⇨職権で損害の鑑定を命じることはできない。

⇨鑑定人に対し説明しなくても、心証が悪くなるだけで、制裁はない。

3 相当な損害の額の認定(105条の3)

(4)損害の額を立証することが当該事実の性質上極めて困難である場合には、裁判所は、口頭弁論の全趣旨及び証拠調べの結果に基づき、相当な損害額を認定することができる。

⇨「当該事実の性質上」であり、民訴のような「損害の性質上」ではない点に注意。

⇨裁判所が相当な損害額を認定するかどうかは、あくまで裁判所の裁量である。

学習日	月 日	月 日	月 日	月 日
正答数	／7	／7	／7	／7

出た過去問！ 出る予想問！ **目標 4 分で答えよう**

3章

権利侵害に係る特則(1)

❏ 損害の額の認定の前提として侵害の立証もしなければならないので、侵害の立証をする場合も、裁判所に対して書類提出命令を申し立てることができる。[予想問]　☞(1)答○

❏ 書類の提出は、裁判所の職権で命ずることができる。[予想問]　☞(1)答×

❏ 書類提出命令の申立ては、原告だけではなく、被告も可能である。[予想問]　☞(1)答○

❏ 書類提出命令における書類の必要性の有無の判断についても、インカメラ手続により行うことができる。[予想問]　☞(2)答○

❏ 特許権侵害訴訟において、損害の計算をするため必要な事項について鑑定が命じられた場合、当事者は、鑑定人に対し、鑑定をするために必要な事項について説明する義務を負わない。[H15-54]　☞(3)答×

❏ 特許権侵害訴訟において、損害が生じたことが認められる場合において、当該損害の性質上その額を立証することが極めて困難であるときに限り、裁判所は、口頭弁論の全趣旨及び証拠調べの結果に基づき、相当な損害額を認定することができる。[H20-10]　☞(4)答×

❏ 特許権侵害訴訟において、損害が生じたことが認められる場合に、その損害の額を立証することが極めて困難であるときは、裁判所は、口頭弁論の全趣旨や証拠調べの結果に基づいて、相当の損害額を認定しなければならない。[H16-5]　☞(4)答×

必ず出る! 基礎知識 目標 6 分で覚えよう

1 秘密保持命令

(1)裁判所は、当事者の**申立て**により、決定で、当事者等に対し、当該営業秘密を当該訴訟追行目的以外の目的で**使用**し、又は当該決定による命令を受けた者以外の者に**開示**してはならない旨を命じることができる (105条の4第1項)。

⇨秘密保持命令の対象は、**特許権・専用実施権**の侵害訴訟のみ。

⇨**仮処分**でも、秘密保持命令の申立てができる。

(2)秘密保持命令の効果は、**決定書の送達時**から効力が生じる (105条の4第4項)。

⇨秘密保持命令違反には、**刑事罰**が科される (200条の3)。

(3)秘密保持命令の申立ての却下に対しては、**即時抗告**が可能である (105条の4第5項)。

⇨容認に対しては、**取消し**の申立てが可能 (105条の5)。

(4)秘密保持命令の取消しに対しては、申立てを却下した場合だけでなく、申立てを認めた場合も、**即時抗告**が可能である (105条の5第3項)。

2 訴訟記録の閲覧等の請求の通知等

(5)民事訴訟法92条1項の決定 (秘密保護のための閲覧制限) があり、秘密保持命令を受けていない当事者から閲覧請求があった場合、裁判所書記官は、民事訴訟法92条の申立てをした者に対し、その旨を**通知**し、最低**2週間**、閲覧を請求した者に対し**閲覧**をさせてはならない。

学習日	月　日	月　日	月　日	月　日
正答数	／7	／7	／7	／7

出た過去問！
出る予想問！ **目標4分で答えよう**

❏ 秘密保持命令は、裁判所の職権ではなされない。[予想問]
☞(1)答○

❏ 秘密保持命令は訴訟であるから、その結論は<u>判決</u>によって
なされる。[予想問]　　　　　　　　　　　　☞(1)答×

❏ 職務発明についての相当の利益の請求に係る訴訟において
は、特許法第105条の4の規定による秘密保持命令が発せ
られる場合はない。[H19-29]　　　　　　　☞(1)答○

❏ 特許権の侵害差止めを求める仮処分事件においては、秘密
保持命令の申立てをすることが許される。[H22-33] ☞(1)答○

❏ 特許権の侵害に係る訴訟において、特許法第105条の4に
規定する秘密保持命令が発せられた場合には、その命令は、
<u>命令が発せられた時から、効力を生ずる</u>。[R1-特実2]
☞(2)答×

❏ 秘密保持命令の申立てを却下した裁判に対しては、即時抗
告をすることができるが、<u>秘密保持命令の取消しの申立て
を却下した裁判に対しては、即時抗告をすることができな
い</u>。[H17-6]　　　　　　　　　　　　　　☞(4)答×

❏ 秘密保持命令が発せられている訴訟に係る訴訟記録につき、
秘密記載部分の閲覧等の制限の決定があった場合において、
秘密保持命令を受けていない当事者から当該秘密記載部分
の閲覧等の請求があったときは、裁判所書記官は、その請
求の手続を行った者に、請求があった日から2週間を経過
する日までの間、当該秘密記載部分の閲覧等をさせてはな
らない。[H17-6改]　　　　　　　　　　　　☞(5)答○

必ず出る！基礎知識 目標 6 分で覚えよう

1 査証の命令 (105条の2)

(1)裁判所は、特許権・専用実施権の侵害訴訟において、当事者の申立てにより、査証人に対して査証を命ずることができる (105条の2第1項本文)。

⇨特許庁が査証を命じることはない。

⇨職権で査証を命じることはない。

(2)査証が命じられるには、次の要件が必要である。

　①立証事実の有無の判断に証拠収集が必要であること。

　②侵害したことを疑うに足りる相当な理由があること。

　③他の手段では証拠が十分に集まらないこと。

　④相手方の負担が過度にならないこと。

　⇨相手方への意見聴取が必要である。

(3)査証の申立ては、書面で行う (105条の2第2項)。

⇨口頭で査証の申立てを行うことはできない。

2 査証命令の取消し (105条の2第3項)

(4)裁判所は、査証の命令後、査証をすることが相当でなくなった場合に、その命令を取り消すことができる。

⇨命令を取り消さなければならないわけではない。

3 不服申立て (105条の2第4項)

(5)査証命令の申立ての決定に対しては、不服申立て (即時抗告)をすることができる。

⇨査証を認める決定、認めない決定いずれに対しても、即時抗告ができる。

⇨査証は決定によりなされるので、その不服申立ては即時抗告で争う。

学習日	月 日	月 日	月 日	月 日
正答数	／8	／8	／8	／8

出た過去問！ 出る予想問！ 目標 **4** 分で答えよう

3章

査証制度(1)

❏ 職務発明についての相当の利益の請求に係る訴訟においては、特許法第105条の2の規定による査証が命じられる場合はない。[予想問]　　　　　　　　　　　　　☞(1)答○

❏ 特許権・専用実施権の侵害訴訟において、特許庁が査証人に対して査証を命ずることがある。[予想問]　　　　☞(1)答×

❏ 査証は特許権侵害の立証が困難な場合に行われるものであるから、相手方の意見を聴くことなく命ずることができる。[予想問]　　　　　　　　　　　　　　　　　☞(2)答×

❏ 査証の申立ては書面及び口頭ですることができる。[予想問]　　　　　　　　　　　　　　　　　　　　　　☞(3)答×

❏ 裁判所は査証を命じた後に、査証をすることが相当でないと認めるに至った場合には、侵害者と疑われる者の利益を守るために査証命令を取り消さなければならない。[予想問]　　　　　　　　　　　　　　　　　　　　　☞(4)答×

❏ 査証の申立てが認められた場合、相手方は即時抗告をすることができない。[予想問]　　　　　　　　　　☞(5)答×

❏ 裁判所の査証命令は、査証が、侵害者と疑われる者の工場等に立ち入り、装置の作動や計測を行うものであるので、判決によってなされる。[予想問]　　　　　　　☞(5)答×

❏ 査証命令の決定に対しては即時抗告をすることができる。[予想問]　　　　　　　　　　　　　　　　　　☞(5)答○

32 査証制度(2)

1 査証人の指定等 (105条の2の2)

(1)査証は査証人が行い、査証人の指定は<u>裁判所</u>が行う。

(2)裁判所は、<u>当事者の申立て</u>により、執行官に対し、査証人に必要な援助をすることを命じることができる。

⇨当事者の申立てがなければならず、裁判所の職権で執行官に対して査証人を援助するよう命じることはできない。

2 査証人に対する忌避 (105条の2の3)

(3)当事者は、査証人に対し、裁判所に<u>忌避の申立て</u>をすることができる。

⇨査証人には、<u>除斥制度がない</u>。

⇨忌避の申立ては、<u>査証前</u>にするのが原則である。ただし、次の場合は、<u>査証後</u>でも、査証人に対し忌避の申立てをすることができる。

　①査証後に査証人に<u>忌避の原因</u>が生じた場合。

　②査証後に査証人に<u>忌避理由</u>があることを知った場合。

3 査証の内容 (105条の2の4)

(4)査証人は、当事者の工場等への立ち入り、質問や書類の提出を求めることのほか、装置の作動・計測等をすることができ、査証報告書を作成して<u>裁判所に提出</u>しなければならない。

(5)執行官は、査証人を援助するために工場等への立ち入りや、質問や書類等の提出を求めることができる。

(6)査証を受ける当事者は、査証人等に<u>協力</u>する<u>義務</u>がある。

学習日	月　日	月　日	月　日	月　日
正答数	／9	／9	／9	／9

出た過去問！
出る予想問！ **目標4分で答えよう**

❏ 査証人は裁判長が指定する旨規定されている。［予想問］
☞(1)答×

❏ 裁判所は当事者の申立て又は職権で、執行官に対し査証人が必要な援助をすることを命じることができる。［予想問］
☞(2)答×

❏ 査証人に対しては、特許庁審判官と同じく、忌避の他に除斥制度がある。［予想問］　☞(3)答×

❏ 査証人が査証した後でも、査証人を忌避することができる場合がある。［予想問］　☞(3)答○

❏ 査証後に査証人を忌避することができるのは、査証後に忌避事由が生じた場合のみである。［予想問］　☞(3)答×

❏ 査証人は当事者の工場などへの立ち入り、質問や書類の提出を求めること以外は行うことができない。［予想問］　☞(4)答×

❏ 査証人は、査証報告書を特許庁及び裁判所に対し提出しなければならない。［予想問］　☞(4)答×

❏ 当事者の申立てにより査証人に対し必要な援助をすることを命じられた執行官は、査証人を援助するために工場等に立ち入ることができるが、査証を受ける当事者に対し質問をし、書類の提出を求めることまでは、査証人ではないため行うことができない。［予想問］　☞(5)答×

❏ 査証を受ける当事者は、査証人に対し、査証に必要な協力をしなければならない。［予想問］　☞(6)答○

33 査証制度⑶

1 査証を拒んだ場合の効果 (105条の2の5)

(1)査証を受ける当事者が査証を正当理由なく拒んだ場合、裁判所は、申立人の主張を真実と認めることができる。

⇨正当理由がある場合には、そのような効果は生じない。

⇨真実と認めるか否かは、裁判所の裁量である。

2 査証報告書の送達 (105条の2の6)

(2)裁判所は、査証報告書が提出されたときは、その写しを、査証を受けた当事者に送達しなければならない。

⇨査証を申し立てた当事者に、送達しない。

(3)査証を受けた当事者は、写しの送達の日から2週間以内に、申立人に開示しないことを申し立てることができる。

(4)裁判所は、正当理由があると認める場合には、決定で、査証報告書を申立人に開示しないことができる。

⇨決定であって、判決ではない。

(5)査証報告書を非開示とする申立ての却下決定、非開示とする決定のいずれに対しても、即時抗告ができる。

3 査証人の証言拒絶権 (105条の2の8)

(6)査証人又は査証人であった者は、査証に関して知得した秘密に関する事項について証人として尋問を受ける場合には、証言拒絶権がある。

⇨査証人だけでなく、査証人であった者にも、証言拒絶権がある。

学習日	月　日	月　日	月　日	月　日
正答数	／8	／8	／8	／8

出た過去問！ 出る予想問！ 目標 **4** 分で答えよう

❑ 査証を受ける当事者が査証を拒んだ場合、裁判所は、<u>いかなる場合にも</u>、申立人の主張を真実と認めることができる。［予想問］　　　　　　　　　　　　　　☞(1)🈪×

❑ 査証を受ける当事者が正当理由なく査証を拒んだ場合、裁判所は、申立人の主張を真実と<u>認めなければならない</u>。［予想問］　　　　　　　　　　　　　　☞(1)🈪×

❑ 裁判所は、査証報告書が提出された場合には、その写しを、査証を受けた当事者及び<u>査証を申立てた当事者</u>に送達しなければならない。［予想問］　　　　　　　☞(2)🈪×

❑ 査証を受けた当事者は、査証報告書の写しの送達日から<u>1週間以内に限り</u>、査証報告書を申立人に開示しないことを申し立てることができる。［予想問］　　　☞(3)🈪×

❑ 裁判所は、正当理由があると認める場合には、<u>判決で</u>、査証報告書を申立人に開示しないことができる。［予想問］　　　　　　　　　　　　　　☞(4)🈪×

❑ 査証報告書を非開示とする申立てを却下する決定に対しては、即時抗告をすることができる。［予想問］　　☞(5)🈪○

❑ 査証報告書を開示しないこととする決定に対しては、<u>即時抗告をすることができない</u>。［予想問］　　☞(5)🈪×

❑ 査証人又は査証人であった者は、証人として尋問される場合に、全ての事項に関して証言拒絶権があるわけではない。［予想問］　　　　　　　　　　　　　　☞(6)🈪○

34 信用回復の措置

1 信用回復の措置の請求の要件

(1)故意又は過失による特許権等の侵害により、特許権者等の業務上の信用を害した者に対しては、裁判所は、<u>特許権者等の請求</u>により、損害の賠償に代え、又は損害の賠償とともに、業務上の信用を回復するのに<u>必要な措置</u>を命ずることができる(106条)。

⇨<u>職権で当該措置を命じることはできない</u>。

⇨損害賠償請求の代わりにすることもできるし、損害賠償と合わせてすることもできる。

(2)信用回復の措置の請求は、侵害者側に<u>故意又は過失</u>がなければ、認められない(106条参照)。

⇨<u>不法行為</u>に基づく損害賠償請求(民709条)と同様である。

2 信用回復の措置の請求の効果等

(3)信用回復の措置を認めるか否かは、<u>裁判所の裁量</u>である。

(4)信用回復措置の請求の規定は、<u>補償金請求権</u>の請求の際には準用されない(65条6項参照)。

(5)信用回復の措置の請求は、侵害品が業務上の信用を害さないような場合には、認められない。

⇨例侵害品が特許品と同等のものである場合

DATE & RECORD

学習日	月　日	月　日	月　日	月　日
正答数	／6	／6	／6	／6

出た過去問！出る予想問！ 目標4分で答えよう

3章
信用回復の措置

☐ 裁判所は、故意により特許権を侵害し特許権者の業務上の信用を害した者に対して、職権で、損害の賠償とともに、特許権者の業務上の信用を回復するのに必要な措置を命ずることができる。[H17-58] ☞(1)答✕

☐ 故意又は過失により特許権を侵害したことにより特許権者の業務上の信用を害した者に対し、裁判所は、その特許権者の請求により、その業務上の信用を回復するのに必要な措置を命ずることができるが、その場合には、損害の賠償とともにしなければならない。[H18-6] ☞(1)答✕

☐ 故意及び過失なく特許権を侵害したことにより特許権者の業務上の信用を害した者に対しては、裁判所は、その侵害の停止を命ずることはできるが、特許権者の業務上の信用を回復するのに必要な措置を命ずることはできない。[H26-32] ☞(2)答○

☐ 特許権侵害があれば、特許権者は、常に、裁判所に対し、信用回復の措置を命じるよう請求することができる。[予想問] ☞(2)(5)答✕

☐ 故意又は過失により特許権を侵害したことにより特許権者の業務上の信用を害した者に対しては、裁判所は、特許権者の請求により、その業務上の信用を回復するのに必要な措置を命じなければならない。[H24-12] ☞(3)答✕

☐ 補償金請求権の訴訟においては、信用回復の措置の請求をすることはできない。[予想問] ☞(4)答○

· 153 ·

35 特許料(1)

1 特許権の発生のための登録料

(1)特許料は、1件ごとに納付しなければならない（107条1項）。

⇨請求項ごとに納付することはできない。

⇨延長登録の場合、延長されたのが第1請求項に係る部分
　でも、請求項が複数ある場合は、1件ごとに特許料を納
　付する。

(2)国に属する特許権は、特許料の納付が不要である。

⇨地方公共団体の場合は、特許料の納付が必要である。

⇨国とその他の者が共有で持分の定めがある場合は、その
　他の者が持分に応じて特許料の納付をすれば足りる。

⇨国と共有で持分の定めがなければ、国以外の者が全額納
　付する。

(3)現金納付が可能な場合もある（107条5項但書）。

2 第1年～第3年分の特許料の納付期間

(4)第1年～第3年分の特許料は、原則として、特許査定謄
　本送達の日から30日以内に、一括納付しなければならな
　い（108条1項）。

⇨但し、①4条延長（遠隔・交通不便の地にある場合の長官の
　裁量による延長）、②108条3項延長（納付者の請求がある場
　合）、③不責事由による追完により、特許査定謄本送達の
　日から30日を超えて納付することもできる。

3 第4年以後の特許料の納付期間

(5)第4年以後の特許料は、前年以前に納付しなければなら
　ない（108条2項）。

⇨それ以降の数年分をまとめて納付することもできる。

学習日	月 日	月 日	月 日	月 日
正答数	／7	／7	／7	／7

出た過去問！
出る予想問！ **目標 4 分で答えよう**

❑ 二以上の請求に係る特許権の存続期間の延長登録があった場合に於いて、その延長の対象となったのが第1請求項のみである場合、第1請求項分の特許料の納付をすれば足りる。[H4-36 改] ☞(1)答×

❑ 複数の請求項に係る特許権について、利害関係人が特許権者の意に反して特許料を納付する場合、当該利害関係人は、そのうちの1の請求項についてのみ利害関係を有するにすぎないときであっても、全ての請求項の数に応じて算定された額を納付しなければならない。[H23-8] ☞(1)答○

❑ 都道府県に属する特許権については、特許料の納付を要しない。[S60-36] ☞(2)答×

❑ 特許権が国と地方公共団体の共有に係る場合、当該地方公共団体は特許料を納付する必要がない。[H20-48] ☞(2)答×

❑ 特許料の納付は、経済産業省令で定めるところにより、特許印紙又は現金をもってすることができる。[R1- 特実 16] ☞(3)答○

❑ 特許庁長官は、遠隔又は交通不便の地にない特許出願人から、特許法第108条第1項に規定する第1年から第3年までの各年分の特許料の納付すべき期間の経過前に当該期間の延長の請求がなされた場合、特許法の規定によっては当該期間を延長することができない。[H18-5] ☞(4)答×

❑ 第4年以後の各年分の特許料は、前年に納付しなければならず、数年分を一時に納付することはできない。[R1- 特実 16 改] ☞(5)答×

1 特許料を納付すべき以外の者による特許料の納付

(1)利害関係人その他の特許料を納付すべき者以外の者でも、納付すべき者の意に反して、特許料を納付することができる（110条）。

⇨納付者は、特許権者に対し、①意に反して納付した場合には現存利益、②特許権者の現存利益が納付額を超えて存する場合には、意に反して納付した場合でも全額、③特許権者の意に沿って納付した場合には全額の償還を請求できる（110条2項参照）。

2 特許料の返還

(2)特許料を納付した者は、特許無効審決・異議取消決定・延長登録無効審決が確定した翌年以降の特許料の返還を請求できる（111条1項）。

(3)過誤納の特許料も返還請求できる。原則として納付日から1年以内、無効審決の確定等の場合は原則として審決確定から6月以内に返還請求する必要がある（111条2項）。

3 追納・回復

(4)第4年以後の各年分の特許料、及び第1年～第3年分の特許料で納付が猶予された特許料は、納付期間経過後6月以内に追納できる（112条1項）。納付がない場合、各年分の特許料の納付期限に遡って、又は初めから、その特許権が存在しなかったものとみなされる（112条4項～6項）。

(5)追納期間に特許料等の納付がなく遡及消滅した場合でも、納付できないことに正当な理由があれば、原特許権者は追納ができ、特許権は回復する（112条の2第1項・2項）。

学習日	月　日	月　日	月　日	月　日
正答数	／6	／6	／6	／6

出た過去問！
出る予想問！　**目標 4 分で答えよう**

❏ 特許について特許権者と実施許諾について交渉途中の者は、特許権者が実施許諾を明確に拒絶している場合でも、当該特許の特許料を納付することができる。[R1- 特実 16]
☞(1)答○

❏ 利害関係人が、納付すべき者の意に反して特許料を納付した場合、納付すべき者に対して費用の全額の償還を請求できることはない。[H14-31]　　☞(1)答×

❏ 特許を無効にすべき旨の審決が確定した年の分の既納の特許料は、納付した者の請求があっても返還されない。[H18-9]
☞(2)答○

❏ 利害関係人が特許権者の了解を得て納付した特許料に過誤納があった場合、特許権者の請求により、過誤納の特許料は返還される。[H19-11]　　☞(2)答×

❏ 特許法第 112 条第 1 項の規定により特許料を追納することができる期間内に特許料及び割増特許料が納付されないとき、特許権は、特許法第 108 条第 2 項本文に規定される期間の経過の時（第 4 年以後の各年分の特許料の納付期限）にさかのぼって消滅したものとみなされる場合と、初めから存在しなかったものとみなされる場合とがある。[H15-26]
☞(4)答○

❏ 追納期間内に特許料及び割増特許料等の納付がなく消滅した特許権は、納付できないことに不責事由があれば、原特許権者が納付することができる旨規定されている。[予想問]
☞(5)答×

不服申立て

必ず出る！基礎知識 目標 6 分で覚えよう

1 異議申立ての主体

(1)異議申立ては、何人も、請求項ごとにすることができる(113条1項)。法人格なき社団も、異議申立てをすることができる(6条)。

2 異議申立て期間

(2)異議申立ては、特許掲載公報発行の日から6月以内にすることができる(113条1項柱書)。

⇨商標の場合は、商標掲載公報発行の日から2月以内である(商43条の2)。

(3)異議申立て期間中に特許権を放棄した場合は、異議申立てをすることはできない。無効審判と異なり、権利消滅後でも申立てができる旨の規定がないからである。

3 異議理由

(4)通常の補正書で行った補正が、外国語書面の範囲内であるが、翻訳文の範囲を超えた場合は、異議理由ではない(113条1号かっこ書)。

⇨無効理由でもない。拒絶理由ではある。

(5)冒認出願や共同出願違反は、異議理由ではない。私人間の問題であり、公益性から登録を見直す異議申立て制度の問題ではないからである。

⇨拒絶理由・無効理由ではある。

(6)後発的事由や訂正違反等は、異議理由ではない。特許掲載公報発行の日から6月間という短期間で、後発的な問題は生じ難いためである。

⇨無効理由ではある。

学習日	月　日	月　日	月　日	月　日
正答数	／8	／8	／8	／8

出た過去問！ 出る予想問！ **目標 4 分で答えよう**

❑ 法人格なき社団は、特許異議の申立てをすることができる。
[予想問]　　　　　　　　　　　　　　　　　☞(1)答○

❑ 特許異議の申立ては、請求項ごとにすることができない。
[予想問]　　　　　　　　　　　　　　　　　☞(1)答×

❑ 特許法には、特許異議の申立てをすることができる期間について、特許権の設定の登録の日から6月以内に限る旨の規定がある。[R1-特実5]　　　　　　　　　☞(2)答×

❑ 一のみの請求項に係る特許権が放棄により消滅した後に、当該特許に対して特許異議の申立てがされたとき、その特許異議の申立ては認められない。[H11-11]　　☞(3)答○

❑ 外国語書面出願において、誤訳訂正書によらず、手続補正書を提出してなされた明細書の補正が、当該出願の願書に添付した外国語書面に記載した事項の範囲内においてなされたものであるが、当該外国語書面の翻訳文に記載した事項の範囲内においてなされたものではないときは、そのことを理由として、当該出願に係る特許を取り消すべき旨の決定がなされることはない。[H28-特実12]　☞(4)答○

❑ 冒認出願は、特許異議の申立ての理由ではない。[予想問]
　　　　　　　　　　　　　　　　　　　　☞(5)答○

❑ 共同出願違反は、特許異議の申立ての理由ではない。[予想問]　　　　　　　　　　　　　　　　　　☞(5)答○

❑ 後発的事由は、特許異議の申立ての理由ではない。[予想問]
　　　　　　　　　　　　　　　　　　　　☞(6)答○

4章
特許異議の申立ての要件

1 異議申立ての取消決定確定の効果

(1)異議申立ての取消決定が確定した場合、特許権は、<u>初めからなかった</u>ものとみなされる (114条3項)。

⇨無効審判と異なり (125条参照)、後発的事由の時点から消滅するということはない。

2 異議申立ての維持決定と不服申立て

(2)<u>異議申立ての維持決定</u>に対しては、不服を申し立てることができない (114条5項)。

⇨特許異議の申立ての理由と同一の理由に基づいて、<u>特許無効審判</u>を請求することができる。

3 異議申立ての審理等

(3)異議申立書の<u>要旨変更補正</u>は、原則としてできない。

⇨但し、特許掲載公報発行の日から6月又は取消理由通知がある時のいずれか<u>早い</u>時までなら、異議申立ての理由・証拠の要旨変更補正ができる (115条1項・2項)。

(4)異議申立ての審理は、特許掲載公報発行の日から<u>6月</u>経過する前から開始する場合があり得る。

(5)異議申立書の副本は、<u>送付</u>される (115条3項)。

⇨副本の送付は、<u>審判長</u>が行う。

(6)登録した者に対しては、参加を促すため、異議申立てがあった旨を<u>通知</u>しなければならない (115条4項)。

(7)異議申立ての審理は、<u>書面審理</u>による (118条1項)。

(8)共有に係る<u>特許権者</u>の一部に中断事由がある場合、審理が中断するが、異議申立人側の<u>1人</u>に中断事由があっても、審理は中断しない (118条2項)。

◉ 出た過去問！ 出る予想問！ 目標 **4** 分で答えよう ◉

4章

特許異議の申立ての審理

❏ 取消決定が確定したときは、取消しの理由のいかんにかかわらず、その特許権は、初めから存在しなかったものとみなされる。[H28-特実9]　☞(1)答○

❏ 特許異議の申立てに係る特許を維持すべき旨の決定に対して、不服を申し立てることができる。[H30-特実5] ☞(2)答×

❏ 特許異議の申立てについて特許を維持すべき旨の決定がなされたときは、特許異議申立人は、利害関係人であっても、当該特許に対し、特許異議の申立ての理由と同一の理由に基づいて特許無効審判を請求することができない。[H28-特実9]　☞(2)答×

❏ 特許異議申立書を提出した特許異議申立人は、特許異議の申立てをすることができる期間の経過前であっても、特許異議の申立ての理由及び必要な証拠の表示の要旨を変更する補正をすることができない場合がある。[H27-9]

☞(3)答○

❏ 特許庁長官は、特許異議申立書の副本を特許権者に送付しなければならない。[R1-特実5改]　☞(5)答×

❏ 特許異議の申立ての審理は、申立てにより、又は職権で、口頭審理によるものとすることができる。[予想問]

☞(7)答×

❏ 特許異議の申立てが甲及び乙の共同でなされ、甲が死亡した場合、特許異議の申立ての審理が中断されることはない。[予想問]　☞(8)答○

特許異議の申立ての手続

1 異議申立てと参加

⑴利害関係人は、異議申立ての決定があるまで、特許権者
側への補助参加ができる（119条1項）。

2 異議申立てと審理の併合

⑵2以上の異議申立てについては、その審理は併合するも
のとすると規定されている（120条の3第1項）。

3 異議申立ての取下げ

⑶異議申立ては、取消理由通知があった後は、取り下げる
ことができない（120条の4第1項）。

4 特許権者に対する取消理由通知

⑷審判長は、取消決定をするときには、特許権者及び参加
人に対し、その理由を通知し、意見書を提出する機会を
与えなければならない（120条の5第1項）。

5 訂正の請求

⑸特許権者は、意見書提出期間内に限り、訂正の請求がで
きる（120条の5第1項・2項）。

⇨訂正の請求は、原則として、特許権単位で請求するが、
請求項ごとに請求することもできる（120条の5第3項）。

⇨請求項に一群の請求項がある場合は、一群の請求項ごと
に訂正の請求をしなければならない（120条の5第4項）。

6 異議申立人の意見書の提出

⑹異議申立人は、特許権者が訂正の請求をした場合には、
原則として、意見書を提出する機会が与えられる（120条
の5第5項）。ただし、実質的にその必要がないと認めら
れる場合は、その機会を与えなくてもよい。

学習日	月　日	月　日	月　日	月　日
正答数	／8	／8	／8	／8

出た過去問！出る予想問！ 目標4分で答えよう

4章

特許異議の申立ての手続

❏ いわゆる取消理由通知があった後は、特許権についての権利を有する者その他特許権に関し利害関係を有する者が、特許権者を補助するため、その審理に参加することができる場合はない。[H28-特実9改]　☞(1)答×

❏ 特許権に関し利害関係を有する者は、特許異議の申立てについての決定があるまでは、特許異議申立人を補助するため、その審理に参加することができる。[H30-特実5] ☞(1)答×

❏ 同一の特許権に係る二以上の特許異議の申立てについては、その審理は、特別の事情がある場合を除き、併合することができると特許法に規定されている。[H28-12]　☞(2)答×

❏ 特許異議の申立ては、いわゆる取消理由通知があった後は、特許権者の承諾があっても取り下げることができない。[H27-9]　☞(3)答○

❏ 特許異議申立人は、取消理由通知に対し意見書提出の機会が与えられる。[予想問]　☞(4)答×

❏ 特許権者が訂正の請求をすることができるのは、意見書提出の期間内である。[予想問]　☞(5)答○

❏ 特許異議の申立てにおける訂正の請求は、請求項ごとにしなければならない。[予想問]　☞(5)答×

❏ 審判長は、訂正の請求があった場合において、訂正請求の内容が実質的に判断に影響を与えるものではないときであっても、異議申立人に意見書を提出する機会を与えなければならない。[H28-特実12改]　☞(6)答×

1 訂正の請求の取下げ (120条の5第8項)

(1)異議申立てにおける訂正の請求の取下げができるのは、17条の5第1項の補正をすることができる期間内に限る。

⇨つまり、取消理由の通知・訂正拒絶理由の通知の期間内。

(2)異議申立てにおいて、請求項ごと又は一群の請求項ごとに訂正の請求をした場合には、その全ての請求を取り下げなければならない。

2 訂正の請求を行う場合の承諾 (120条の5第9項)

(3)訂正の請求を行うには、次の者の承諾が必要。

①専用実施権者　②質権者

③職務発明の法定通常実施権者

④特許権者の許諾に基づく通常実施権者

⑤専用実施権者から許諾を受けた通常実施権者

3 手続・不服申立て

(4)審判長は、取消決定をしようとする場合には、特許権者・参加人に対し、取消理由通知を行い、意見書を提出する機会を与えなければならない(120条の5第1項)。

(5)特許庁長官は、決定の謄本を、特許権者・特許異議申立人・参加人・参加の申請を拒否された者に送達しなければならない(120条の6第2項)。

(6)不適法な特許異議の申立てによる却下の決定(準特135条)に対しては、不服を申し立てることができない(120条の8第2項)。

⇨不適法な異議申立書の却下の決定(準特133条)に対しては、不服を申し立てることができる(178条1項)。

学習日	月　日	月　日	月　日	月　日
正答数	／6	／6	／6	／6

出た過去問！出る予想問！ 目標 **4** 分で答えよう

❏ 特許異議の申立てにおける訂正の請求は、特許異議の申立ての取消しの理由が通知される時まで、取り下げることができる。[予想問]　　　　　　　　　　　　☞(1)答✕

❏ 特許異議の申立てにおいて、請求項ごとに又は一群の請求項ごとに訂正の請求を行った場合、その取下げは全ての請求を取り下げなければならない。[予想問]　　　☞(2)答○

❏ 特許権者は、取消理由の通知に指定された期間内に限り、願書に添付した明細書、特許請求の範囲又は図面の訂正を請求することができるが、その請求の際に承諾を得なければならないとされる通常実施権者は、特許法第77条第4項の専用実施権者の許諾による通常実施権者又は特許法第78条第1項の特許権者の許諾による通常実施権者に限られる。[H15-8]　　　　　　　　　　　☞(3)答✕

❏ 審判長は、取消決定をしようとするときは、特許権者、参加人及び特許異議の申立てについての審理に参加を申請してその申請を拒否された者に対し、特許の取消しの理由を通知し、相当の期間を指定して、意見書を提出する機会を与えなければならない。[予想問]　　　　　　☞(4)答✕

❏ 特許庁長官は、決定の謄本を、特許異議申立人に送達することはない。[予想問]　　　　　　　　　　　　☞(5)答✕

❏ 不適法な審判請求の却下の審決に対しては、不服を申し立てることができるが、不適法な特許異議の申立てによる却下の決定に対しては、不服を申し立てることができない。[予想問]　　　　　　　　　　　　　　　　　☞(6)答○

5 審判請求

1 審判請求の方式(131条1項)

(1)審判を請求する者は、①当事者及び代理人の氏名等、②審判事件の表示、③請求の趣旨及び請求の理由を記載した審判請求書を、特許庁長官に提出しなければならない。

2 無効審判の請求(131条2項)

(2)無効審判の請求をする場合における「請求の理由」は、①特許を無効にする根拠となる事実を具体的に特定し、かつ、②立証を要する事実ごとに証拠との関係を記載したものでなければならない。

⇨上記①②の要件を満たさない場合、補正を命じられることなく、審決をもって審判の請求が却下され得る(135条)。

3 訂正審判の請求(131条3項・4項)

(3)訂正審判の請求をする場合における「請求の趣旨及び請求の理由」は、経済産業省令で定めるところにより記載したものでなければならない。

(4)訂正審判を請求するときは、請求書に、訂正に係る明細書・特許請求の範囲又は図面を添付しなければならない。

⇨訂正が図面ならば、図面のみ添付すればよい。

(5)訂正審判の請求書に訂正明細書等を添付しなかった場合には、審判長から補正命令がなされ、それに応じない場合には、請求書の決定却下(133条)がなされる。

⇨審決却下ではない点に注意。

学習日	月 日	月 日	月 日	月 日
正答数	／5	／5	／5	／5

出た過去問！ 出る予想問！ **目標4分で答えよう**

❏ 審判を請求する者は、①当事者及び代理人の氏名等、②審判事件の表示、③請求の趣旨及び請求の理由を記載した審判請求書を審判長に提出しなければならない。[予想問]
☞(1)答×

❏ 特許無効審判が請求された場合において、請求書に記載された請求の理由が、特許を無効にする根拠となる事実を具体的に特定したものではなく、かつ、立証を要する事実ごとに証拠との関係を記載したものでないときは、その請求書について補正が命じられることなく、審決をもって審判の請求が却下されることがある。[H18-36]　☞(2)答○

❏ 訂正審判の請求をするときは、常に訂正した明細書及び特許請求の範囲を添付しなければならない。[S61-43]
☞(4)答×

❏ 訂正審判の請求人が、当該審判の請求書に訂正した明細書又は図面を添付しなかったときは、そのことを理由として、当該審判の請求は、審決をもって却下される。[H8-19]
☞(5)答×

❏ 訂正審判の請求人が、当該審判の請求書に訂正した明細書等を添付しなかったときは、審判長から補正が命ぜられる。
[予想問]　☞(5)答○

4章
審判請求

6 審判請求書の補正

1 審判請求書の補正 (17条1項、131条の2第1項柱書)

(1)審判請求手続は、事件が特許庁に係属している間は補正をすることができる。しかし、審判請求書の補正は、原則として、要旨を変更するものであってはならない。

2 無効審判以外の請求書の理由等の補正 (131条の2第1項1号)

(2)拒絶査定不服審判・訂正審判・延長登録無効審判の「請求の理由」の補正は、その要旨を変更するものであっても許容される。

⇨請求の理由の追加も許される場合がある。

3 無効審判の請求書の理由等の補正 (131条の2第2項~4項)

(3)無効審判の「請求の理由」の補正は、その要旨を変更するものであっても、審理を不当に遅延させるおそれがないことが明らかであり、かつ、次のいずれかに該当するときは、審判長が、決定をもって当該補正を許可することができる。

　①無効審判において訂正の請求を行ったことにより請求の理由の補正が必要となった場合であること。

　⇨特許権者の同意は不要。

　②審判請求人が無効審判に係る請求の理由を審判請求時に記載しなかったことに合理的な理由があり、かつ特許権者が補正に同意をしていること。

(4)審判長による補正許可ができる補正は、審判請求書の副本送達後のものに限られる。

(5)審判長による補正の許可、その拒否の決定、又はその不作為に対しては、不服を申し立てることができない。

学習日	月 日	月 日	月 日	月 日
正答数	／6	／6	／6	／6

◎ 出た過去問！ 出る予想問！ 目標 **4** 分で答えよう ◎

❏ 特許無効審判以外の審判にあっては、<u>審判請求書の要旨を</u>
<u>変更する補正は、請求理由の補正を含め、許されることは</u>
<u>ない</u>。[H16-54]　　　　　　　　　　　　☞(2)答×

❏ 拒絶をすべき旨の査定を受けた者は、拒絶査定不服審判を
請求するに際し、審判の請求の理由を審判請求書に記載し
なければならず、<u>その審判の係属中には請求の理由の補正</u>
<u>をすることはできない</u>。[H21-3]　　　　　☞(2)答×

❏ 延長登録無効審判の請求人は、請求書の補正において、新
たな延長登録の無効理由を追加することができる。[H28-7]
　　　　　　　　　　　　　　　　　　　　☞(2)答○

❏ 特許無効審判で特許権者が訂正の請求をした場合には、無
効審判請求人は、特許権者の同意がなくても、理由の補充
ができる場合がある。[予想問]　　　　　　☞(3)答○

❏ 審理を不当に遅延させるおそれがないことが明らかであれ
ば、特許無効審判の請求書の副本を被請求人に<u>送達する前</u>
<u>に</u>審判長は、請求の理由の要旨を変更する補正を許可する
<u>ことがある</u>。[R1- 特実 10 改]　　　　　　☞(4)答×

❏ 特許無効審判における請求の理由の補正が、その要旨を変
更するものであったが、審判長は、その補正を許可する旨
の決定をした。この場合、被請求人は、その補正が審理を
不当に遅延させるおそれがあることを理由として、<u>その決</u>
<u>定に対して不服を申し立てることができる</u>。[H16-54]
　　　　　　　　　　　　　　　　　　　　☞(5)答×

7 決定却下・審決却下

1 審判請求書の方式審理

(1)審判長は、審判請求書が131条の規定に違反している場合、補正を命じなければならない（133条1項）。

(2)審判長は、補正命令後、補正をしない等の場合、決定により、その手続を却下することができる（133条3項）。

(3)審判官合議体は、審判請求が不適法なものであって、補正が不可能（例審判請求期間経過後の審判請求）である場合、審決をもって、これを却下することができる（135条）。

(4)審判請求書の却下決定（133条3項）及び審判請求の却下審決（135条）に不服がある者は、審決等取消訴訟を提起することができる（178条1項）。

2 それ以外の方式審理

(5)審判長は、審判請求以外の審判事件に係る手続に補正可能な瑕疵がある場合（133条2項各号）、補正を命じることができる（133条2項）。

(6)審判長は、補正命令後、補正をしない等の場合、決定をもって、その手続を却下することができる（133条3項）。

(7)審判長は、審判請求以外の審判事件に係る手続が不適法なものであって、補正が不可能（例趣旨不明な文書）である場合、手続をした者に対して、却下理由を通知し、弁明書を提出する機会を与えた上で、決定をもって、その手続を却下することができる（133条の2第1項・2項）。

(8)審判長による却下決定（133条3項、133条の2第1項・2項）に不服がある者は、行政不服審査法又は行政事件訴訟法により、不服を申し立てることができる。

出た過去問！
出る予想問！ 目標 **4** 分で答えよう

❏ 審判長は、審判請求書が方式に違反している場合は、補正を命じることができる。[予想問]　　　　　　　　☞(1)答×

❏ 拒絶査定不服審判において、請求人が、審判の請求書に拒絶をすべき旨の査定に対する不服の理由をなんら記載せず、その査定の取消しを求める旨の主張のみをしている場合、審判長は、その請求書について補正を命ずることなく、審決をもって審判の請求を却下することができる。[H18-27]
　　　　　　　　☞(1)答×

❏ 不適法な審判の請求であって、その補正をすることができないものについては、被請求人に答弁書を提出する機会を与えないで、審決をもってこれを却下することができる。[H17-48]　　　　　　　　☞(3)答○

❏ 審判長は、審判事件に係る手続（審判の請求を除く。）において、不適法な手続であってその補正をすることができないものについて、その手続を却下しようとするときは、手続をした者に対し、弁明書を提出する機会を与えなければならない。[H17-48]　　　　　　　　☞(7)答○

❏ 審判事件に係る手続（審判の請求を除く。）において、不適法な手続であってその補正をすることができないものについては、審決をもってその手続を却下することができる。[R1-特実7]　　　　　　　　☞(7)答×

❏ 審判長による却下の決定に対しては、不服を申し立てることができない。[予想問]　　　　　　　　☞(8)答×

4章

決定却下・審決却下

1 共同審判の請求

(1)複数人が同一の特許権について<u>無効審判又は延長登録無効審判</u>を請求する場合には、これらの者が<u>共同</u>して審判を請求することが<u>できる</u>(132条1項)。

⇨無効審判では、同一の特許権に対してであっても、<u>請求項</u>が異なれば、共同して審判請求はできない(185条参照)。

(2)共有に係る特許権について特許権者に対し審判を請求するときは、<u>共有者の全員</u>を被請求人として請求しなければならない(132条2項)。

(3)特許権等の共有者がその共有に係る権利について<u>拒絶査定不服審判・訂正審判</u>の請求するときは、共有者の<u>全員</u>が共同して請求をしなければならない(132条3項)。

⇨共有者の承諾を得た場合でも、単独請求できない。

2 共有と中断

(4)審判を請求した者又は審判を請求された者の1人について、審判手続の<u>中断又は中止</u>の原因があるときは、その中断又は中止は、<u>全員</u>についてその効力を生ずる(132条4項)。

⇨特許異議の申立ての場合、共有に係る<u>特許権者の一部</u>に中断事由がある場合には、審理が中断するが、<u>異議申立人側の1人</u>に中断事由があっても、審理は中断しない(118条2項)。

出た過去問！
出る予想問！　**目標 4 分で答えよう**

4章

共同審判・共有と中断

❏ 共有の特許権に係る特許発明が、他人の特許発明を利用している場合に、当該他人の特許権について無効審判を請求するときは、<u>共有者の全員が共同して請求しなければならない</u>。[H15-15] ☞(1)答×

❏ 甲が特許Aの請求項1について特許無効審判を請求し、乙が同一の特許Aの請求項2について特許無効審判を請求する場合において、甲及び乙は共同して審判を請求することができる。[H27-22] ☞(1)答×

❏ 甲と乙の共有に係る特許権について、甲のみが、丙に対してその特許権に基づき特許権侵害訴訟を提起している場合、丙は、<u>甲のみを被請求人として</u>、当該特許についての特許無効審判を請求することができる。[H24-46] ☞(2)答×

❏ 共有に係る特許権について、誤記について訂正審判を請求する場合、<u>単独で</u>当該審判を請求することができる。[H22-26 改] ☞(3)答×

❏ 特許権が甲及び乙の共有に係るとき、<u>乙の承諾を得れば甲は単独で</u>願書に添付した明細書、特許請求の範囲又は図面の訂正をすることについて<u>訂正審判を請求することができる</u>。[H21-21] ☞(3)答×

❏ 共有に係る特許権についての特許無効審判においては、被請求人の一人について中断・中止の原因があるときは、その中断は、全員についてその効力を生ずる。[S55-20] ☞(4)答○

1　参　　加

(1)共同で無効審判等を請求できる者は、審理の終結に至る
　　までは、請求人として参加できる(148条1項)。

⇨法人格なき社団も参加できる。

⇨被参加人の審判請求取下げ後も当事者参加人は手続続行可。

⇨査定系審判には、参加制度はない。

(2)利害関係人は、当事者を補助するために、審理の終結に
　　至るまでは、補助参加人として参加できる(148条3項)。

⇨補助参加人は、被参加人と異なる主張ができる。

⇨被参加人の審判請求取下げ後は、手続を続行できない。

(3)参加人に中断・中止の原因があるときは、被参加人に対
　　してもその効力が生じる(148条5項)。

(4)参加の申請をする者は、参加申請書を審判長に提出しな
　　ければならない(149条1項)。

2　除斥・忌避の手続

(5)除斥・忌避の申立てをする者は、その原因を記載した書
　　面を特許庁長官に提出しなければならない。但し、口頭
　　審理では、口頭をもってすることができる(142条1項)。

(6)除斥・忌避の申立てがあったときは、急速を要する行為
　　を除き、その申立ての決定まで審判手続を中止しなけれ
　　ばならない(144条)。

(7)除斥・忌避、参加の決定に対しては、不服申立てができ
　　ない(143条3項、149条5項)。

(8)審査官は、前置審査を含め、忌避されない(48条参照)。

学習日	月 日	月 日	月 日	月 日
正答数	／8	／8	／8	／8

出た過去問！出る予想問！ 目標 **4** 分で答えよう

4章
参加・除斥・忌避

❏ 甲が特許無効審判を請求したとき、その特許無効審判に参加を申請して許可された乙が、甲がその特許無効審判の請求を取り下げた後において、審判手続を続行することができる場合はない。[H29-特実15]　☞(1)答×

❏ 訂正審判の結果について利害関係を有する者は、請求人を補助するため審理の終結に至るまでその審判に参加することができる。[H2-31]　☞(1)(2)答×

❏ 特許無効審判において、被請求人を補助するための参加人は、当該特許権の無効理由がないことについて被請求人と異なる主張をすることができる。[H19-31]　☞(2)答○

❏ 請求人として審判に参加した甲が破産手続開始の決定を受けた場合、甲について生じた審判手続の中断の効力は、被参加人についても生ずる。[H16-47改]　☞(3)答○

❏ 参加の申請は、いかなる場合も審判長あてに書面をもってしなければならない。[H2-25]　☞(4)答○

❏ 口頭審理による審判手続において除斥の申立てがあった場合は、急速を要する行為を除き、その申立てについての決定があるまで当該手続を中止しなければならない。[H26-5]　☞(6)答○

❏ 除斥・忌避、参加の決定に対しては、不服申し立てはできない。[予想問]　☞(7)答○

❏ 前置審査は審判の一環であるから、前置審査の審査官も忌避されることがある。[予想問]　☞(8)答×

1 書面審理・口頭審理

(1)当事者系審判は、原則として、口頭審理でなされる。但し、申立て・職権で書面審理とすることができる（145条1項）。

⇨書面審理にするか否かは裁量行為である以上、その処分に対して不服を申し立てることができない。

(2)査定系審判は、原則として書面審理であり、申立て又は職権で口頭審理とすることができる（145条2項）。

(3)口頭審理をする場合は、期日の呼出しを行わなければならない。呼出しは、①呼出状の送達、②出頭者に対する告知、③その他相当と認める方法で行う（145条3項・4項）。

(4)口頭審理は、原則として公開して行う。但し、公序良俗を害するおそれがあるときは、非公開とする（145条5項）。

⇨判定の審理は、公開して行う。但し、審判長が必要と認めるときは、非公開とする（71条3項参照）。

2 職権主義・審理の併合

(5)審判においては、当事者等が申し立てない理由についても審理できる（153条1項）。しかし、請求人が申し立てない請求の趣旨については、審理できない（153条3項）。

⇨申し立てない理由には、撤回したものも含まれる。

(6)審判長は、当事者等が口頭審理の場に出頭しない等の場合であっても、審判手続を続行できる（152条）。

(7)当事者の双方又は一方が同一である2以上の審判については、その審理を併合することができる（154条）。

⇨同質の審判でなければ、審理の併合はできない。

学習日	月 日	月 日	月 日	月 日
正答数	／7	／7	／7	／7

出た過去問! 出る予想問! 目標 **4** 分で答えよう

❏ 当事者の申立てにもかかわらず、審判長が口頭審理に移行する措置をとらなかった場合、当事者は、不服を申立てることができる。[H15-33]　　　　　　　　　☞(1)答×

❏ 訂正審判は、書面審理による。ただし、審判長は、当事者の申立てにより又は職権で、口頭審理によるものとすることができる。[H26-5]　　　　　　　　　　　☞(2)答○

❏ 口頭審理による審判をするときの当事者及び参加人に対する期日の呼び出しは、呼び出し状の送達、当該事件について出頭した者に対する期日の告知以外の方法によってなされることはない。[H10-16]　　　　　　　　☞(3)答×

❏ 拒絶査定不服審判において口頭審理が行われる場合、その口頭審理は必ず公開して行われる。[R1-特実7]　　☞(4)答×

❏ 特許無効審判において、請求人が、審判請求時に申し立てた理由をその後取り下げたときは、当該理由について審理することができない。[H23-55]　　　　　　　☞(5)答×

❏ 特許無効審判において、当事者は口頭審理の期日の呼出しを受けたが、当該期日に被請求人は出頭せず、請求人のみが出頭した。その場合、審判長は、当該期日の口頭審理において、審判手続を進行することができる。[H28-特実18]
　　　　　　　　　　　　　　　　　　　　☞(6)答○

❏ 訂正審判が請求された後、特許無効審判の請求がなされ、これらの審判事件が同時に審判に係属しているときは、両審判の審理の併合をすることができる。[H7-5]　　☞(7)答×

4章

審判の審理形式

1 審理終結通知

(1)審判長は、事件が審決をするのに熟したときは、審理の終結を<u>当事者及び参加人</u>に通知しなければならない（156条1項）。参加を申請して拒否された者には、通知されない。

⇨通知後、当事者若しくは参加人の申立て又は職権で、<u>審理が再開</u>されることがある（156条3項）。

⇨すべての事件について審理の終結が通知される。

2 審決予告

(2)審判長は、事件が審決をするのに熟した場合において、無効審判で請求に<u>理由がある</u>と認めるときその他経済産業省令で定めるときは、<u>審決の予告</u>を当事者及び参加人にしなければならない（164条の2第1項）。

⇨<u>延長登録無効審判</u>では、審決予告はされない。

(3)審判長は、事件が審決をするのに熟した場合であって、①審決予告をしない場合、②審決予告がされたが、被請求人が訂正の請求や訂正明細書等の補正をしない場合は、当事者及び参加人に審理終結通知をしなければならない（156条2項）。

3 審決・審決謄本の送達

(4)審決は、審理終結通知を発した日から<u>20</u>日以内にしなければならない（156条4項）。ただし、<u>20</u>日を超えた場合でも、審理再開の義務は<u>ない</u>。

(5)特許庁長官は、審決があったときは、①<u>当事者</u>、②<u>参加人</u>、③<u>審判に参加を申請して拒否された者</u>に対して、審決の謄本を送達しなければならない（157条3項）。

● 出た過去問！ 出る予想問！ **目標 4 分で答えよう** ●

❏ 審判長は、事件が審決をするのに熟したときは、<u>審理の終結</u>を当事者、参加人、<u>参加申請を拒否された者</u>に通知しなければならない。[H30- 特実 11 改]　　　　☞(1)答×

❏ 特許無効審判において、審理の終結が当事者及び参加人に<u>通知されることなく、審決がされる</u>ことがある。[R1- 特実 10]　　　　☞(1)答×

❏ 特許無効審判において、事件が審決をするのに熟した場合であっても、審理終結通知（特許法 156 条）がされた後に、審理が再開される場合がある。[予想問]　　　☞(1)(3)答○

❏ 審理終結通知がなされた場合は、審理を再開するか否かは審判運営に関する事項なので、<u>職権によってしか</u>審理の再開はなされない。[予想問]　　　　☞(1)答×

❏ 審判長は、延長登録無効審判の事件が審決をするのに熟した場合において、審判の請求に理由があると認めるときは、<u>審決の予告</u>を当事者及び参加人にしなければならない。[H26-40]　　　　☞(2)答×

❏ 審決予告は、審決と同様の内容であるから、<u>審判官の合議体</u>が行う。[予想問]　　　　☞(2)答×

❏ 審理の終結の通知を発した日から <u>20 日を超えても</u>なお審決がなされないときは、審判長は当該審理を<u>再開しなけれ</u>ばならない。[H20-4]　　　　☞(4)答×

❏ 特許庁長官は、審決があったときは、審決の謄本を<u>当事者及び参加人に送達すればよい</u>。[予想問]　　　☞(5)答×

必ず出る！基礎知識 目標 **6** 分で覚えよう

1 拒絶査定不服審判の請求人

(1)拒絶をすべき旨の査定を受けた者は、原則として、拒絶査定謄本の送達日から3月以内に、拒絶査定不服審判の請求ができる（121条1項）。

(2)共同出願の場合は、全員で拒絶査定不服審判の請求をしなければならない（132条3項）。

2 拒絶査定不服審判の請求期間

(3)拒絶査定不服審判の請求期間（3月以内）には、①4条延長（遠隔・交通不便の地にある場合の長官の裁量による延長）、②不責事由による追完があり（121条2項）、不責事由消滅日から14日（在外者は2月）以内で期間経過後6月以内なら請求可能である。

(4)拒絶査定不服審判の不責事由には（121条2項）、天災地変・本人の重篤等の場合が該当する。病気療養中でも、代理人を選任できるような場合は、該当しない。

3 拒絶査定不服審判の対象

(5)拒絶査定不服審判では、補正却下（53条3項但書）や、延長登録出願の拒絶査定（67条の3、67条の7）を争うこともできる。

(6)拒絶査定不服審判は、請求項ごとに請求できない。

(7)審判長は、拒絶査定不服審判に関し、当事者を審尋することができる（134条4項）。

4 差戻し審決

(8)拒絶査定不服審判において査定を取り消すときは、更に審査に付すべき旨の審決をすることができる（160条）。

学習日	月 日	月 日	月 日	月 日
正答数	／6	／6	／6	／6

出た過去問！
出る予想問！ **目標 4 分で答えよう**

❏ 甲、乙の共有に係る特許権につき、甲が、特許権の存続期間の延長登録の出願をし、いわゆる共同出願違反との理由により拒絶をすべき旨の査定を受けた。この拒絶査定不服審判の請求は、特許権の共有者である甲、乙が共同してしなければならない。[H12-21]　　　　　☞(1)答×

❏ 拒絶査定謄本の送達日から3月を経過した場合において、当該期間経過に不責事由があれば拒絶査定不服審判請求ができる場合がある。[予想問]　　　　　☞(3)答○

❏ 国内で手術のため入院していたところ、拒絶をすべき旨の査定を受けたことを家人からの連絡で知った出願人は、拒絶査定不服審判の請求期間の経過後であっても、退院した日から14日以内でその期間の経過後6月以内にその請求をすることができる。[H13-12]　　　　　☞(4)答×

❏ 2以上の請求項に係る特許出願に対して拒絶をすべき旨の査定がされたときも、請求項ごとに、同時に別個の拒絶査定不服審判を請求することができる。[H17-15 改]　☞(6)答×

❏ 拒絶査定不服審判の審理においても、審判長は、当事者及び参加人を審尋することができる。[H20-4 改]　　☞(7)答○

❏ 拒絶査定不服審判において、拒絶査定の理由が解消されていると認められるときは、当該拒絶査定を取り消し、さらに審査に付すべき旨の審決をすることができる。[H15-48]
　　　　　☞(8)答○

4章

拒絶査定不服審判

1 前置審査の条件

(1)拒絶査定不服審判の請求と同時に明細書、特許請求の範囲又は図面について補正があった場合は、前置審査に付される (162 条)。

⇨明細書等を添付しない延長登録出願の拒絶査定不服審判では、前置審査に付されることはない。

(2)前置審査の審査は、原則として、拒絶査定をした審査官が行う。

⇨但し、退官等により当該審査官が特許庁からいなくなった場合には、当該技術分野の他の審査官が審査を行う。

2 前置審査の手続

(3)前置審査の審査官には、除斥の制度の適用はあるが、忌避の制度の適用はない。

(4)前置審査では、審判請求前の補正を却下できない。

⇨審判請求と同時の補正は、却下できる。

(5)前置審査において、査定の理由と異なる理由を発見した場合は、拒絶理由が通知される。

(6)前置審査では、審査官が補正後の明細書等の実体を見るので、審判請求書の審理は、特許庁長官が行う。

(7)前置審査では、特許査定をする場合を除き、補正却下はできない。

(8)前置審査の審査官は、拒絶理由が解消できない場合には、特許庁長官に報告 (164 条 3 項) しなければならない。

学習日	月　日	月　日	月　日	月　日
正答数	／7	／7	／7	／7

出た過去問！ 出る予想問！ 目標 4 分で答えよう

4章
前置審査

❏ 特許権の存続期間の延長登録の出願に係る拒絶査定不服審判においても、前置審査に付される場合がある。[H24-28]
☞(1)答×

❏ 審査官甲が拒絶をすべき旨の査定をした特許出願について、拒絶査定不服審判の請求と同時に願書に添付した明細書、特許請求の範囲又は図面についての補正がされた場合、特許庁長官は審査官乙にその請求を審査させることができない。[H21-3]
☞(2)答×

❏ 拒絶査定不服審判を請求する者は、前置審査をする審査官について審査の公正を妨げるべき事情があるときは、これを忌避することができる。[H27-14]
☞(3)答×

❏ 前置審査において、拒絶査定不服審判の請求前にされた補正が、特許法第17条の2第4項の規定に違反している場合、審査官は、決定をもってその補正を却下しなければならない。[H30-特実8改]
☞(4)答×

❏ 特許庁長官が、審判請求書の適否を審理する場合がある。[予想問]
☞(6)答○

❏ 前置審査において、審査官が特許法第53条第1項の規定による補正の却下の決定をすることができるのは、審判の請求に係る拒絶をすべき旨の査定を取り消し、特許をすべき旨の査定をするときに限られる。[H25-50]
☞(7)答○

❏ 前置審査において、審査官は、査定の理由と異なる拒絶の理由を通知すれば、当該拒絶の理由で、当該前置審査に係る審判の請求を拒絶査定できる。[予想問]
☞(8)答×

1 無効審判の請求人

(1)無効審判を請求できるのは、原則として、<u>利害関係人</u>だけである（123条2項本文）。

(2)冒認・共同出願違反の場合は、<u>特許を受ける権利を有する者</u>でなければ、無効審判を請求できない。

(3)特許を受ける権利を有する者でも、74条により<u>特許権の移転登録</u>がなされれば、冒認を理由に無効審判の請求ができない（123条1項6号かっこ書）。

2 無効理由

(4) 123条の無効理由は、<u>限定列挙</u>であり、記載されている理由以外での無効審判の請求はできない。

⇨外国語書面出願の補正において、補正書で翻訳文の範囲を超えた補正をしたが、<u>外国語書面</u>の範囲内であった場合は、無効審判の請求はできない。

(5)無効審判は、<u>請求項ごと</u>に請求できるが、延長登録無効審判は、<u>請求項ごと</u>に請求できない。

⇨<u>訂正審判・訂正の請求</u>も、請求項ごとに請求できる。

(6)無効審判の請求は、<u>予告登録</u>される。

(7)審判長は、無効審判の請求があった場合には、<u>参加の機会</u>を与えるため、その旨を当該特許権についての<u>専用実施権者</u>その他その特許に関し登録した権利を有する者に通知しなければならない（123条4項）。

⇨通常実施権の登録制度がなくなったため（99条参照）、通常実施権者に対しては、上記の通知はされない。

学習日	月　日	月　日	月　日	月　日
正答数	／7	／7	／7	／7

出た過去問！出る予想問！ 目標**4**分で答えよう

4章

特許無効審判（1）‥‥要件

❑ 特許無効審判は、その特許が特許法第39条第1項から第4項の先願の規定に違反してされたことを理由とするものは、利害関係人に限り、請求することができる。[H26-40]
☞(1)答○

❑ 冒認の場合、その発明をした発明者でなければ、当該特許を無効にすることについて特許無効審判を請求することができない。[H27-17 改]
☞(2)答×

❑ 特許が発明Aについて特許を受ける権利を有しない者の特許出願に対してされたことは、特許法第123条第1項第6号（いわゆる冒認出願）の無効理由に該当しないことがある。[H28- 特実16]
☞(3)答○

❑ 外国語書面出願における外国語書面に記載されているが、外国語書面の日本語による翻訳文に記載されていない事項を誤訳訂正書の提出によらないで、当該出願に係る明細書に追加する補正をした。この補正は、常に、拒絶理由（特許法第49条）にも無効理由（同法第123条）にも該当する。[H20-25]
☞(4)答×

❑ 2以上の請求項に係る特許権について、請求項ごとに審判請求ができるのは特許無効審判に限られる。[H14-29] ☞(5)答×

❑ 特許無効審判の請求があったときは、予告登録をしなければならない。[H2-2] ☞(6)答○

❑ 審判長は、特許無効審判の請求があったときは、その旨を当該特許権についての通常実施権者に通知しなければならない。[予想問] ☞(7)答×

必ず出る！
基礎知識 目標**6**分で覚えよう

1 請求認容審決確定の効果

(1)無効審判の請求認容審決が確定した場合、特許権は、<u>初めから存在しなかった</u>ものとみなされる(125条本文)。

⇨<u>特許出願</u>が初めから存在しなかったものとみなされるわけではない。

(2)無効となるのは、<u>請求項ごと</u>である。

2 後発的事由による無効審判の請求認容審決確定の効果

(3)後発的無効の場合には、<u>該当するに至った時から消滅</u>するので、損害賠償請求債権は消えない(125条但書)。

3 延長登録無効審判の請求認容審決確定の効果

(4)延長登録無効審判は、<u>延長登録</u>自体に瑕疵があった場合の審判である(125条の2、125条の3)。

(5)特許権の<u>消滅後</u>であっても、延長登録無効審判の請求は<u>可能</u>である(125条の2第3項、125条の3第2項)。

(6)延長登録無効審判は、2以上の請求項を含む場合でも、<u>請求項ごとに請求</u>することは<u>できない</u>(185条参照)。

(7)延長登録無効審判の請求認容審決が確定した場合は、その延長登録による存続期間の延長は、<u>初めからなかった</u>ものとみなされる(125条の2第4項、125条の3第3項)。

⇨延長登録により延長された期間が、その特許権の存続期間に係る延長可能期間を<u>超えている</u>場合、実施不可能期間を<u>超えている</u>場合は、<u>その超える期間の延長がなかった</u>ものとみなされる(125条の2第4項但書、125条の3第3項但書)。

学習日	月 日	月 日	月 日	月 日
正答数	／7	／7	／7	／7

出た過去問！出る予想問！ 目標 **4** 分で答えよう

❏ 請求項が1のみである特許について、特許を無効にすべき旨の審決が確定したときは、その特許に係る<u>特許出願は初めからなかったものとみなされる</u>。[H21-57]　　☞(1)答×

❏ 請求項イ、ロに係る特許の無効の審判が請求された場合において、審判官は請求項ロについて無効とする審決をしたとき、<u>請求項イについては審理をすることを要しない</u>。[H5-47]　　☞(2)答×

❏ 特許権侵害訴訟の係属中に、当該特許を無効にすべき旨の審決が確定した場合には、当該特許権に基づく損害賠償請求が法律上許容されることは、<u>あり得ない</u>。[H16-5]　　☞(3)答×

❏ 存続期間が延長された場合であっても、特許の無効については、延長登録無効審判では争えない。[予想問]　　☞(4)答○

❏ 延長登録無効審判は、特許権が消滅した後においても、請求することができる。[H19-27]　　☞(5)答○

❏ 請求項ごとに延長登録を無効にすることはできない。[予想問]　　☞(6)答○

❏ 延長登録無効審判が請求され、当該請求が認められ、審決が確定したときは、その延長登録による存続期間の延長は、<u>常に</u>初めからされなかったものとみなされる。[H26-40]　　☞(7)答×

4章

特許無効審判(2)‥請求認容審決確定の効果

必ず出る！基礎知識　目標 **6** 分で覚えよう

1 一事不再理 (167条)

(1)無効審判・延長登録無効審判の請求棄却審決が確定した場合、当事者及び参加人は、同一の事実及び同一の証拠に基づいて無効審判の請求をすることができない (167条)。これを一事不再理という。

(2)一事不再理には、審決確定後の登録は不要となった。

⇨審決取消訴訟係属中は、審決が確定していないから、一事不再理の適用はない。

(3)一事不再理の効果は、当事者及び参加人に対してのみ生じる (相対効)。

(4)事実が異なる場合又は証拠が異なる場合は、再度無効審判の請求ができる。

⇨つまり、一事不再理の効果は及ばない。

2 審判の費用負担

(5)無効審判・延長登録無効審判の費用の負担は、審判が審決によって終了するときは審決をもって、審判が審決によらないで終了するときは審判による決定をもって、職権で定めなければならない (169条1項)。

⇨敗訴者負担の原則が採られる。

⇨査定系審判は、請求人が負担する (169条3項)。

3 審判に関する費用の額

(6)審判に関する費用の額は、請求により、審決又は決定が確定した後に、特許庁長官が決定する (169条5項)。

学習日	月 日	月 日	月 日	月 日
正答数	／7	／7	／7	／7

出た過去問！ 出る予想問！ **目標4分で答えよう**

□ 延長登録無効審判の請求棄却審決が確定した場合でも、いわゆる一事不再理の効果が、当事者及び参加人に対して及ぶ。[予想問] ☞(1)瞥○

□ 無効審判の請求棄却審決が確定し、その旨の登録がなければ、いわゆる一事不再理の効果は及ばない。[予想問] ☞(2)瞥×

□ 特許無効審判の審決がなされ、それに対する訴えが提起されて裁判所に係属しているときは、当事者及び参加人は、同一の事実及び同一の証拠に基づいてその審判を請求することができない。[H22-9] ☞(2)瞥×

□ 甲を審判請求人とする特許無効審判において、文献aに記載された事実Aにより進歩性が欠如するとの主張に基づく請求は成り立たないとする審決が確定した後、文献bに記載された事実Bにより進歩性が欠如すると主張して、甲が再び同一特許権の同一請求項について特許無効審判を請求することは許される。[H14-37] ☞(4)瞥○

□ 延長登録無効審判に関する費用は、その審判の請求人が負担しなければならない。[H16-23] ☞(5)瞥×

□ 審判に関する費用の額が職権で決まることはない。[予想問] ☞(6)瞥○

□ 審判に関する費用の額を決定するのは、審判長ではなく特許庁長官である。[予想問] ☞(6)瞥○

4章

特許無効審判(3)…請求棄却審決確定の効果等

17 訂正の請求

1 訂正の請求の単位

(1)無効審判における訂正の請求は、原則として<u>特許権ごと</u>に請求するが、<u>請求項ごと</u>に請求することもできる(134条の2第2項本文)。

⇨無効審判が請求項ごとにされた場合は、請求項ごとに訂正の請求をしなければならない(134条の2第2項但書)。

⇨請求項に一群の請求項がある場合は、一群の請求項ごとに訂正の請求をしなければならない(134条の2第3項)。

(2)無効審判中で訂正の請求をした場合、審判長は、<u>訂正請求書</u>を受領したときは、訂正を認めるか否かに関わらず、訂正請求書に添付した明細書等の副本を<u>審判請求人</u>に送達しなければならない。

2 先の訂正と後の訂正の処理

(3)複数の訂正の請求がなされた場合、先にした訂正の請求は<u>取り下げた</u>ものとみなされる(134条の2第6項)。

3 訂正の請求の取下げ

(4)訂正の請求は、<u>17条の5第2項の補正</u>をすることができる期間内に限り、取り下げることができる(134条の2第7項)。

(5)訂正の請求を請求項ごとに又は一群の請求項ごとにしたときは、その<u>全て</u>の請求を取り下げなければならない(134条の2第7項)。

(6)訂正の請求は、無効審判の取下げの単位に応じて取り下げたものとみなされる(134条の2第8項)。

学習日	月 日	月 日	月 日	月 日
正答数	／6	／6	／6	／6

出た過去問！ 出る予想問！ **目標 4 分で答えよう**

4章

訂正の請求

❏ 特許無効審判における訂正の請求は、2以上の請求項に係る願書に添付した特許請求の範囲の訂正をする場合、常に請求項ごとにしなければならない。[H25-10]　　☞(1)答✕

❏ 特許無効審判において、願書に添付した明細書、特許請求の範囲又は図面の訂正を認めないで審決をするときであっても、審判長は当該訂正の請求書に添付された訂正した明細書、特許請求の範囲又は図面の副本を当該請求人に対し送達しなければならない。[H10-28]　　☞(2)答○

❏ 訂正の請求Aの後、訂正の請求Bを行った。この場合、先の訂正の請求Aは取り下げたものとみなされる。[予想問]
　　☞(3)答○

❏ 訂正の請求は、審理の終結の通知がされる前であればいつでも取り下げることができる。[H24-49]　　☞(4)答✕

❏ 2以上の一群の請求項に係る特許について、ある一群の請求項に係る訂正A及び他の一群の請求項に係る訂正Bをすることについての訂正の請求をしたときは、訂正Aをすることについての訂正の請求のみを取り下げることはできない。[H24-49]　　☞(5)答○

❏ 2以上の請求項に係る特許のうち、ある請求項について特許無効審判が請求され、当該請求項に係る特許請求の範囲の訂正が請求された。その後、当該審判の請求が取り下げられた場合であっても、この訂正の請求については、審理が続行され、特許法第126条第7項に規定する要件（いわゆる独立特許要件）も審理の対象とされる。[H24-30]
　　☞(6)答✕

1 訂正審判の目的

(1)訂正審判における訂正の目的(126条1項各号)は、①特許請求の範囲の減縮、②誤記又は誤訳の訂正、③明瞭でない記載の釈明、④従属請求項を独立請求項にすることに限られる。

⇨最後の拒絶理由通知の場合と異なり、①特許請求の範囲の減縮については、特許請求の範囲の限定的減縮、②誤記・誤訳の訂正については、誤記の訂正だけ、③明瞭でない記載の釈明については、拒絶理由に示す事項についてするものに限る、というような限定はない。

2 訂正審判の対象

(2)訂正審判における訂正の対象は、願書に添付した明細書・特許請求の範囲・図面である。

⇨審判官の合議体の審理に適しない願書は含まれない(126条1項柱書)。

3 訂正審判の請求ができない場合

(3)訂正審判は、異議申立て又は無効審判が特許庁に係属した時(副本の送付・送達時)から請求できなくなる。

⇨副本の送付・送達がなされた場合、特許権者は異議申立てや無効審判の請求がなされた点を了知し得るので、訂正の請求が可能となるからである。

(4)無効審判や異議申立てが特許庁に係属した後は、その審決・決定(請求項ごとの請求の場合は全ての請求項ついての審決・決定)が確定するまで、訂正審判の請求はできない。

学習日	月 日	月 日	月 日	月 日
正答数	／4	／4	／4	／4

出た過去問！
出る予想問！ **目標4分で答えよう**

❏ 訂正審判において、訂正は、特許請求の範囲の減縮、誤記
の訂正、明瞭でない記載の釈明、又は他の請求項の記載を
引用する請求項の記載を当該他の請求項を引用しないもの
とすることを目的とするものに限られる。[H28-16]

☞(1)答×

❏ 特許権者は、願書に発明者の氏名を誤って記載していると
き、特許無効審判が特許庁に係属していること等により訂
正審判を請求することができない期間を除き、当該誤記の
訂正を目的として、訂正審判を請求することができる。
[H18-51]   ☞(2)答×

❏ 特許無効審判の請求書が提出された後、当該審判の審決が
確定（請求項ごとの請求であれば全ての請求項に係る審決
が確定）するまでに当該特許権者が願書に添付した明細書、
特許請求の範囲又は図面の訂正をすることについて訂正審
判を請求することができる場合がある。[H9-1 改] ☞(3)答〇

❏ 特許無効審判が請求項ごとに請求された場合において、一
部の審決が確定したとき、特許権者は、当該確定した審決
に係る請求項について訂正審判を請求することができる。
[H26-21]   ☞(4)答×

4章

訂正審判(1)‥目的等

19 訂正審判⑵：内容等

1 訂正審判の単位

(1)訂正審判は、原則として、<u>特許権単位</u>で請求するが、<u>請求項ごと</u>にも請求することができる（126条3項前段）。

⇨請求項が一群の請求項の場合は、一群の請求項ごとに審判請求をしなければならない（126条3項後段）。

2 訂正審判の範囲

(2)訂正審判は、原則として、<u>設定登録時</u>に記載した事項の範囲内で（願書に添付した<u>明細書、特許請求の範囲又は図面</u>）訂正をしなければならない（126条5項）。

⇨願書に最初に添付した明細書、特許請求の範囲、図面の範囲内ではない。

(3)訂正審判による<u>誤記・誤訳</u>の訂正を目的とした場合（126条1項2号）は、願書に最初に添付した<u>明細書、特許請求の範囲又は図面</u>の範囲内、外国語書面に記載した範囲内で訂正ができる（126条5項かっこ書）。

(4)訂正審判の目的が、特許請求の範囲の減縮（126条1項1号）、<u>誤記又は誤訳の訂正</u>（126条1項2号）の場合は、訂正後の発明が<u>独立特許要件</u>（無効理由がないこと）を有していることが必要である（126条7項）。

⇨37条は、独立特許要件ではない。

3 訂正審判の取下げの単位

(5)訂正審判を<u>請求項ごと</u>にした場合、その取下げは、全ての請求について行わなければならない（155条4項）。

⇨一群の請求項ごとに訂正審判を請求した場合の取下げも、全ての請求について行わなければならない。

学習日	月 日	月 日	月 日	月 日
正答数	／6	／6	／6	／6

出た過去問！出る予想問！ 目標 **4** 分で答えよう

4章

訂正審判(2)：内容等

❏ 訂正審判は、2以上の請求項に係る願書に添付した特許請求の範囲の訂正をする場合には、請求項ごとに（当該請求項の中に一群の請求項があるときは、当該一群の請求項ごとに）請求をしなければならず、特許権を単位として請求をすることはできない。[R1- 特実 19]　　　　　☞(1)答×

❏ 訂正審判は請求項ごとに請求できない場合がある。[予想問]
　　　　　☞(1)答○

❏ 訂正審判において、他の請求項の記載を引用する請求項の記載を当該他の請求項の記載を引用しないものとすることを目的とする訂正は、願書に最初に添付した明細書、特許請求の範囲又は図面に記載した事項の範囲内においてしなければならず、また、その訂正は実質上特許請求の範囲を拡張し、又は変更するものであってはならない。[H25-54]
　　　　　☞(2)答×

❏ 訂正審判において、「誤記の訂正」を目的とする訂正の場合、特許出願の際独立して特許を受けることができるものであるか否かについては判断されない。[H14-26 改]　　☞(4)答×

❏ 特許請求の範囲の減縮を目的とする訂正をすることについて審判を請求する場合、その訂正した明細書による訂正によれば2以上の請求項が特許法第37条に規定する関係を有するものでなくなるときは、その請求は容認されない。[H3-17]　　　　　☞(4)答×

❏ 訂正審判を請求項ごとに請求した場合、請求項ごとに取り下げることができる。[予想問]　　　　　☞(5)答×

必ず出る！
基礎知識 目標 **6** 分で覚えよう

1 再審を請求できる者

(1)再審を請求できるのは、<u>当事者・参加人・詐害審決の第三者</u>である(171条、172条)。

⇨参加を申請して拒否された者は、再審の請求をすることができない。

2 再審請求の要件

(2)再審の請求は、<u>決定・審決確定後に再審事由を知った</u>ことが必要である。

⇨再審事由がいつ生じたかは問題ではない。

(3)再審は、<u>再審の確定審決・確定取消決定</u>に対しても請求できる。

3 再審請求の時期

(4)再審は、取消決定又は審決が確定した後、再審理由を知った日から <u>30 日</u>以内に請求しなければならない(173条1項)。

⇨審決確定日後 30 日ではない。

(5)再審は、審決・取消決定確定後に再審理由を知ってから 30 日を経過した場合でも、請求できる場合がある。

⇨ <u>4 条延長・不責事由の追完</u>に該当する場合である。

(6)再審は、原則として、<u>取消決定又は審決が確定した日から 3 年経過した後</u>は、請求することができない(173条4項)。

⇨但し、①審決等の確定後に再審事由が生じた場合、②抵触審決の場合は、3 年経過後でも再審請求ができる(173条5項・6項)。

学習日	月　日	月　日	月　日	月　日
正答数	／8	／8	／8	／8

出た過去問！
出る予想問！ 目標**4**分で答えよう

4章

再審
(1)：要件等

❏ <u>何人も</u>、延長登録無効審判の確定審決に対する再審を請求することができる。[H24-15] ☞(1)答×

❏ 再審は、審決等に対する不服申立てという点では審決等取消訴訟（178条）と似ているので、<u>参加を拒否された者も再審請求ができる旨規定がある</u>。[予想問] ☞(1)答×

❏ 審判請求人が、法律によりその審決に関与することができない審判官がその審決に関与していたことを、審決取消訴訟係属中に知ったが、その事由を主張しなかった。この場合、その審判請求人が、審決確定後、その事由を理由として、確定審決に対して再審を請求できることはない。[H14-29] ☞(2)答○

❏ 当事者が審決に対する訴えにおいて<u>主張した事由</u>も、<u>再審の事由とすることができる</u>。[H10-11] ☞(2)答×

❏ 再審の確定審決に対し、当事者又は参加人は、再審を請求することができる。[R1-特実12] ☞(3)答○

❏ 特許異議の申立てにおける確定した<u>取消決定</u>に対しては、再審を請求することが<u>できない</u>。[H27-22] ☞(3)答×

❏ 審決又は取消決定の確定後、再審理由を知った日から30日を経過した場合でも、再審請求ができる場合がある。[予想問] ☞(5)答○

❏ 特許異議の申立てに係る特許を取り消すべき旨の決定（取消決定）又は審決が確定した日から3年を経過した後であっても、再審請求できる場合がある。[R1-特実12] ☞(6)答○

◎ 必ず出る！
基礎知識 **目標 6 分で覚えよう** ◎

1 詐害審決

(1)再審は、<u>当事者・参加人以外</u>の者でも、請求できる場合
がある（172条1項参照）。

(2)詐害審決に対する再審では、<u>原特許権者</u>に対して、再審
の請求がされる（172条1項・2項）。

(3)特許権者と共謀を行い、<u>冒認</u>を根拠に無効審決が確定し
た場合は、<u>審判請求人</u>も再審の請求の<u>被請求人</u>となる（172
条2項）。

2 再審における訂正の請求等の可否

(4)異議申立ての確定した決定に対する再審では、<u>職権探知
主義</u>が適用され、<u>訂正の請求</u>もできる（174条1項参照）。

(5)確定審決に対する再審では、<u>職権探知主義</u>（153条）は適
用されず、<u>訂正の請求</u>（134条の2）もできない（174条2項
〜4項参照）。

3 再審における審理終結通知

(6)審判長は、異議申立ての確定した取消決定及び確定審決
に対する再審においては、<u>審理の終結を通知</u>しなければ
ならない（174条参照）。

4 再審により回復した特許権の効力の制限

(7)再審によって特許権が回復した場合、特許権の効力は、
「取消決定又は審決が確定した後再審の請求の登録前に」
<u>善意</u>で輸入した物等、又は当該期間の<u>善意の実施行為</u>に
は及ばない（175条1項・2項）。

⇨再審の請求の登録後、特許権が回復するまでの間の実施
行為は、<u>特許権侵害</u>となる場合がある。

出た過去問！
出る予想問！ 目標 **4** 分で答えよう

❏ 特許権者乙の特許を無効とする審決が確定したとき、当該審判の参加人でない第三者が、当該確定審決に対し再審を請求することができる場合がある。[H26-13] ☞(1)答○

❏ 特許を無効にすべき旨の審決が確定した場合において、当該原特許権者が当該確定審決に対する再審の被請求人になる場合がある。[H11-31] ☞(2)答○

❏ 確定した取消決定に対する再審の請求人がその再審において願書に添付した明細書又は図面の訂正を請求することができる場合はない。[H8-12] ☞(4)答×

❏ 再審において審判官は、当事者又は参加人が申立てない理由についても審理することができる場合がある。[H7-49] ☞(4)答○

❏ 特許を無効にすべき旨の確定審決に対する再審において、その請求人が願書に添付した明細書又は図面の訂正を請求できる場合はない。[H7-49] ☞(5)答○

❏ 審判長は、特許無効審判の確定審決に対する再審においては、事件が審決をするのに熟したときは、審理の終結を当事者及び参加人に通知しなければならない。[R1-特実12] ☞(6)答○

❏ 製造方法の発明に係る特許を無効にすべき旨の審決が確定し、その後再審によって回復した場合において、第三者が、善意でその製造方法の発明を業として実施しているときは、その特許を無効にすべき旨の審決の確定から再審によって回復するまでの期間における当該実施が、侵害行為となることはない。[H17-33] ☞(7)答×

4章

再審(2)‥詐害審決・審判規定の準用等

◉ 必ず出る！
基礎知識 目標 **6** 分で覚えよう ◉

1 審決等取消訴訟を提起できる者

(1)審決等取消訴訟を提起できるのは、当事者・参加人・参加を申請して拒否された者である (178条2項)。

⇨実施権者であっても、参加の申請をしていれば、審決等取消訴訟を提起することができる。

2 共有と審決取消訴訟

(2)特許を受ける権利が共有に係る場合、当該共有者は、単独で拒絶審決に対する審決取消訴訟を提起できない (判例)。

(3)共有に係る特許権について無効審判が請求され、無効審決がされた場合、当該特許権の共有者は、単独で審決取消訴訟を提起できる (判例)。

(4)共同請求 (132条1項) に係る無効審判について、請求棄却審決がされた場合、当該無効審判請求人の一部の者は、単独で審決取消訴訟を提起できる (判例)。

3 審決等取消訴訟の被告適格

(5)審決等取消訴訟の被告は、原則として、特許庁長官である (179条)。しかし、①当事者系審判に対するものであって、②その結論が審決 (審決却下も含む) であれば、相手方が被告となる (179条但書)。

⇨無効審判の請求棄却審決では、被請求人たる特許権者が被告となる。

⇨無効審判の請求認容審決では、無効審判請求人が被告となる。

⇨無効審判の請求書の却下決定 (133条3項) は、審決ではないため、特許庁長官が被告となる。

学習日	月　日	月　日	月　日	月　日
正答数	／6	／6	／6	／6

出た過去問！出る予想問！ 目標 4 分で答えよう

❏ 特許権の通常実施権者は、当該特許権に係る審判に参加を申請して許されたとしても、当該審判の審決に対する訴えを提起することはできない。[H29-特実4]　　☞(1)答×

❏ 専用実施権者は、当該特許に係る特許無効審判に参加を申請しなかったときは、その審判の審決に対する訴えを提起することはできない。[H12-2]　　☞(1)答○

❏ 特許を受ける権利の共有者が、当該特許を受ける権利を目的とする特許出願に対し拒絶をすべき旨の査定を受け、当該査定に対する拒絶査定不服審判を共同で請求し、当該請求が成り立たない旨の審決を受けた場合、当該審決に対する訴えは共有者全員で提起しなければならない。[H30-特実12]　　☞(2)答○

❏ 共有に係る特許権について特許無効審判が請求され、特許を無効とする審決がされた場合、特許権の共有者の1人は、単独で当該審決に対する取消訴訟を提起することができる。[H21-7]　　☞(3)答○

❏ 特許無効審判が共同で請求され、審判請求は成り立たない旨の審決がされた場合、特許無効審判の請求をした者のうちの一部の者は、当該審決に対する取消訴訟を提起することができる。[H21-7]　　☞(4)答○

❏ 特許無効審判の請求書が特許法第131条の規定に違反して決定を以て却下されたとき、その決定に対する訴えは、特許庁長官を被告として提起しなければならない。[H12-2]　　☞(5)答○

23 審決等取消訴訟⑵

1 審決等取消訴訟の対象

(1)審決等取消訴訟の対象は、①取消決定、②審決（135 条の審決却下を含む）、③審判・再審の請求書・異議申立書、訂正の請求書の却下の決定である（178 条 1 項）。

2 審決等取消訴訟の管轄

(2)審決等取消訴訟は、東京高等裁判所の専属管轄である（178 条 1 項）。

3 審決等取消訴訟の出訴期間

(3)審決等取消訴訟の出訴期間は、審決又は決定謄本の送達があった日から 30 日以内である（178 条 3 項）。

⇨当該期間は、不変期間であり、伸長できない（178 条 4 項）。

⇨遠隔・交通不便の地にある者のため、審判長が、職権で、附加期間を定めることができる（178 条 5 項）。

⇨また、民訴 97 条の追完により出訴できる場合がある。

4 審判段階に提出できない新証拠の提出

(4)審決等取消訴訟においては、審判段階で提出されていない新証拠の提出は認められない（判例）。

⇨但し、補強証拠の提出は認められる（判例）。

5 裁判官の合議体

(5)審決等取消訴訟については、5 人の裁判官の合議体で審理及び裁判する旨の決定を、その合議体ですることができる（182 条の 2）。

⇨審判は、3 人又は 5 人の審判官の合議体が行う（136 条 1 項）。

学習日	月 日	月 日	月 日	月 日
正答数	／6	／6	／6	／6

出た過去問！
出る予想問！ 目標 **4** 分で答えよう

4章

審決等取消訴訟 (2)

❏ 特許異議の申立てについて特許の取消しの理由の通知を受けた特許権者は、審判長が指定した期間内に限り、願書に添付した明細書、特許請求の範囲又は図面の訂正を請求することができるが、この<u>訂正の請求書の却下の決定に対して、訴えを提起することはできない</u>。[H28-5]　　☞(1)🗝×

❏ 本社が大阪府内に所在する特許権者は、特許を無効とすべき旨の審決に対する訴えを東京高等裁判所だけでなく、<u>大阪高等裁判所にも提起することができる</u>。[H30-特実 12]　　　　　　　　　　　　　　　　　　　　☞(2)🗝×

❏ 審決に対する訴えは、審決の謄本の送達があった日から30 日を経過した後は、提起することができないと規定されているが、審判長は、遠隔又は交通不便の地にある者のため、附加期間を定めることなく、この <u>30 日の期間を伸長することができる</u>。[H27-60]　　　　　☞(3)🗝×

❏ 審決に対する訴えは、審決の謄本の送達があった日から<u>3 月以内であれば、いつでも</u>、東京高等裁判所に対し、提起することができる。[H15-6]　　　　　　　　　　☞(3)🗝×

❏ 審決取消訴訟において、裁判所は、審判の手続で審理判断されていた刊行物記載の発明のもつ意義を明らかにするため、審判の手続に現れていなかった資料に基づき、当該特許出願当時における当業者の技術常識を認定することができる。[H18-44]　　　　　　　　　　　　　☞(4)🗝○

❏ 裁判所は、審決に対する訴えに係る事件について、5 人の審判官の合議体で審理及び裁判する旨の<u>判決</u>をすることができる。[H16-11]　　　　　　　　　　　　　☞(5)🗝×

24 審決等取消訴訟(3)

1 出訴の通知、特許庁の意見等

(1)裁判所は、当事者を被告とする無効審判等の審決取消訴訟の提起があったときは、遅滞なく、その旨を<u>特許庁長官に通知</u>しなければならない(180条第1項)。

(2)裁判所は、当事者を被告とする無効審判等の審決取消訴訟の提起があったときは、当該事件に関するこの法律の適用その他の必要な事項について、<u>特許庁長官に意見を求めることができる</u>(180条の2第1項)。

(3)特許庁長官は、当事者を被告とする無効審判等の審決取消訴訟の提起があったときは、<u>裁判所の許可</u>を得て、裁判所に対し当該事件に関するこの法律の適用その他の必要な事項について、<u>意見を述べることができる</u>(180条の2第2項)。また、特許庁長官は、<u>自らが指定する特許庁の職員</u>に意見を述べさせることができる(180条の2第3項)。

2 審決又は決定の取消し

(4)裁判所は、特許を無効にすべきことを特許庁に命ずる<u>給付判決</u>をすることはできず、審決を取り消すという<u>形成判決</u>をすることができるにとどまる(181条1項)。

(5)審決取消訴訟において審決取消判決が確定したときは、審判官は当該審判事件について更に審理を行い、審決をすることとなる(181条2項)。そして、当該再度の審理ないし審決には、<u>取消判決の拘束力</u>が及ぶ(行訴33条1項)。

⇨<u>異なる理由又は証拠が見つかれば、取消判決に拘束されない</u>。その場合には、再度同じ審決となる場合もある。

学習日	月　日	月　日	月　日	月　日
正答数	／5	／5	／5	／5

○ 出た過去問！出る予想問！ **目標4分で答えよう** ○

□ 裁判所は、特許無効審判又は延長登録無効審判の審決に対する訴えの提起があったときは、<u>30日以内に</u>、その旨を特許庁長官に通知しなければならない。[H17-58] ☞(1)答×

□ 裁判所は、特許無効審判の審決に対する訴えの提起があったときは、特許庁長官に対し、当該事件に関する法律の適用について<u>意見を求めなければならない</u>。[H16-11]
☞(2)答×

□ 特許庁長官は、特許無効審判又は延長登録無効審判の審決に対する訴えの提起があり、裁判所から当該事件に関する特許法の適用その他の必要な事項について意見を求められた場合には、<u>特許庁の職員以外の者に意見を述べさせることができる</u>。[H17-58] ☞(3)答×

□ 特許無効審判の棄却審決に対する訴えにおいて審決の誤りが発見された場合、裁判所は、特許庁に<u>特許を無効にすべきことを命ずる判決をすることができる</u>。[H26-4] ☞(4)答×

□ 特許の訂正審判の請求は成り立たない旨の審決を取り消すとの判決が確定した後、当該審判において更に審理を行い、再度、その審判の請求は成り立たない旨の審決がされる場合がある。[H11-41] ☞(5)答○

4章

審決等取消訴訟(3)

国際特許出願等

1 翻訳文の提出

1 外国語特許出願の翻訳文の提出時期

(1)外国語特許出願は、優先日から 2 年 6 月 (30 月) 以内に、
①明細書、②請求の範囲、③図面の中の説明、④要約の
翻訳文を提出しなければならない (184 条の 4 第 1 項)。

⇨国内書面の提出が優先日から 28 月以後である場合には、
国内書面 (184 条の 5) の提出日から 2 月以内に翻訳文の提
出をすることができる (184 条の 4 第 1 項但書)。

⇨上記期間内に、明細書・請求の範囲の翻訳文 (以下「明細
書等翻訳文」) の提出がなかった場合は、国際出願は、取下
擬制となる (184 条の 4 第 3 項)。しかし、明細書等翻訳文
の不提出について正当な理由があるときは、経済産業省
令で定める期間内に限り、明細書等翻訳文・図面・要約
の翻訳文を提出することができる (184 条の 4 第 4 項)。

2 翻訳文の内容

(2)出願人は、国際出願日における明細書等の内容を記載し
た翻訳文を提出しなければならない (184 条の 4 第 1 項参照)。

(3)国際段階で PCT19 条補正をした場合は、国際出願日の
請求の範囲の翻訳文に代えて、PCT19 条補正後の請求の
範囲の翻訳文を提出することができる (184 条の 4 第 2 項)。

3 翻訳文未提出の効果

(4)国内書面提出期間内に国際出願日の明細書等翻訳文の提
出がなかったときは、外国語特許出願は、取り下げられ
たものとみなされる (184 条の 4 第 3 項)。

(5)図面の中の説明の翻訳文がない場合は、図面の中の説明
がないものとして取り扱われる。

学習日	月 日	月 日	月 日	月 日
正答数	／5	／5	／5	／5

出た過去問！ 出る予想問！ **目標4分で答えよう**

❏ 明細書の翻訳文を提出できなかったことについて正当な理由がない場合であっても、優先日から30月を経過した後に明細書の翻訳文を提出することができる場合がある。[予想問]　　　　　　　　　　　　　　　☞(1)答○

❏ 外国語でされた国際特許出願の出願人が、国内書面提出期間内に、特許法第184条の5第1項に規定する書面を提出したが、その国際特許出願の明細書の日本語による翻訳文の提出をすることができなかった場合、提出することができなかったことについて正当な理由があれば、所定の期間内に、翻訳文を提出することができる。[H25-16]　☞(1)答○

❏ 国内書面提出期間内又は翻訳文提出特例期間内に、外国語特許出願の国際出願日における請求の範囲の翻訳文を提出しなかったにもかかわらず、当該外国語特許出願が取り下げられたものとみなされない場合がある。ただし、特許法第184条の4第4項の規定による翻訳文の提出は考慮しないものとする。[H18-35 改]　　　　　　☞(2)(3)答○

❏ 特許協力条約第19条(1)の規定に基づく補正をしているときは、国際出願日における請求の範囲の翻訳文に代えて、当該補正後の請求の範囲の翻訳文を提出してもよい。[H24-47 改]　　　　　　　　　　　　　　　☞(3)答○

❏ 外国語でされた国際特許出願について、図面の中に説明があるのに当該説明の翻訳文の提出がなかったときは、その国際特許出願は取り下げられたものとみなされる。[H28-条約 5]　　　　　　　　　　　　　　　☞(5)答×

5章

翻訳文の提出

必ず出る！
基礎知識 **目標 6 分で覚えよう**

1 国内書面の提出等

(1)出願人は、国内書面提出期間内に、国内書面を<u>特許庁長官</u>に提出しなければならない（184条の5第1項）。

⇨国内書面には、<u>発明の名称</u>の記載は<u>不要</u>である。

(2)特許庁長官は、出願人が国内書面の提出その他の手続をしない場合には、<u>補正</u>を命じることが<u>できる</u>（184条の5第2項）。出願人が補正をしないときは、国際特許出願を<u>却下</u>することができる（184条の5第3項）。

2 日本語特許出願・外国語特許出願の特例

(3)日本語特許出願において<u>PCT19条補正</u>・<u>34条補正</u>をした場合、出願人は、当該補正書の写しを特許庁長官に提出しなければならない（184条の7第1項、184条の8第1項）。

⇨PCT20条・36条の規定に基づき国内処理基時の属する日までに補正書が特許庁に送達されたときは、その補正書により、<u>補正がされた</u>ものとみなされる（184条の7第2項但書、184条の8第2項但書）。

(4)外国語特許出願において、<u>PCT19条補正</u>をした場合は補正後の請求の範囲の翻訳文を、<u>PCT34条補正</u>をした場合は当該補正書の翻訳文を、特許庁長官に提出しなければならない（184条の4第2項・6項、184条の8第1項）。

⇨当該翻訳文の提出は、<u>誤訳訂正書の提出</u>により行う必要はない。

⇨但し、<u>PCT34条補正</u>については、誤訳訂正書を提出してされたものとみなされる（184条の8第4項）。

学習日	月 日	月 日	月 日	月 日
正答数	／5	／5	／5	／5

出た過去問！
出る予想問！ 目標 **4** 分で答えよう

❏ 国際特許出願の出願人は、国内書面提出期間内に、出願人の氏名又は名称及び住所又は居所、発明の名称、発明者の氏名及び住所又は居所並びに国際出願番号の全てを記載した書面を特許庁長官に提出しなければならない。[H28- 条約5] ☞(1)答×

❏ 日本語特許出願の出願人が国内書面提出期間内に特許庁長官に国内書面の提出その他の手続もしなかったときは、その日本語特許出願は取り下げられたものとみなされる。[H3-2] ☞(2)答×

❏ 外国語特許出願の出願人が、国内書面提出期間内に特許法第184条の5第1項（書面の提出）に規定する書面を提出しないとき、特許庁長官は常に、相当の期間を指定して、手続の補正を命じなければならない。[S63-23] ☞(2)答×

❏ 日本語でされた国際特許出願について、国内処理基準時の属する日までに、特許協力条約第20条の規定に基づき同条約第19条(1)の規定に基づく補正書が特許庁に送達されたときは、その補正書により、願書に添付した特許請求の範囲について特許法第17条の2第1項の規定による補正がされたものとみなす。[H15-44 改] ☞(3)答○

❏ 特許協力条約第34条(2)(b)の規定に基づく補正をした外国語特許出願の出願人が、国内処理基準時の属する日までに同規定に基づき提出された補正書の日本語による翻訳文を提出するとき、その翻訳文の提出は、いかなる場合も誤訳訂正書の提出により行うことを要しない。[H8-49] ☞(4)答○

1 国内公表の時期

(1)翻訳文が提出された外国語特許出願は、特許掲載公報を発行したものを除き、①国内書面提出期間（翻訳文提出特例期間）の経過後遅滞なく、②国内書面提出期間内に出願審査の請求があった国際特許出願であって国際公開がされているものは出願審査の請求後遅滞なく、③ 184条の4第4項の期間内に明細書等翻訳文が提出された場合は明細書等翻訳文の提出後遅滞なく、国内公表される（184条の9第1項）。

2 国内公表の内容

(2)国際出願日の請求の範囲の翻訳文の提出後、PCT19条補正の請求の範囲の翻訳文が提出された場合には、国際出願日の請求の範囲の翻訳文と PCT19条補正後の請求の範囲の翻訳文が特許公報に掲載される（184条の9第2項5号）。

3 国際特許出願と補償金請求権

(3)日本語特許出願の場合は、国際公開の後、警告を条件として補償金請求権が発生する（184条の10第1項）。

(4)外国語特許出願の場合は、国際公開ではなく、国内公表の後、警告を条件として補償金請求権が発生する（184条の10第1項、PCT29条(1)(2)）。

⇨国際公開の請求（PCT21条(2)(b)）により、優先日から1年6月を経過する前でも国際公開される場合があるため、国際特許出願について、優先日から1年6月経過する前でも補償金請求権が発生する場合がある。

学習日	月 日	月 日	月 日	月 日
正答数	／6	／6	／6	／6

● 出た過去問! 目標 **4** 分で答えよう ●
　出る予想問!

❏ 外国語でされた国際特許出願が、国内書面提出期間満了前に国内公表されることはない。[H15-44]　　　☞(1)答×

❏ 特許庁長官は、特許法第 184 条の 4 第 1 項の規定により翻訳文が提出された外国語特許出願について、特許掲載公報の発行をしたものを除き、国内書面提出期間内に当該特許出願人から出願審査の請求があったときは、いかなる場合も、遅滞なく国内公表をしなければならない。[H11-23]
☞(1)答×

❏ 特許協力条約第 19 条(1)の規定に基づく補正後の請求の範囲の日本語による翻訳文が提出された外国語特許出願について、国内公表がされるとき、国際出願日における請求の範囲の日本語による翻訳文がその補正後の請求の範囲の日本語による翻訳文とともに特許公報に掲載される場合がある。[H10-6]　　　　　　　　　　　　　　☞(2)答○

❏ 外国語でされた国際特許出願の出願人は、当該国際特許出願の国内公表があった後でなければ、補償金の支払を請求することはできない。[H26-46]　　　　　　　☞(4)答○

❏ 国際公開がされた外国語特許出願の出願人は、国内公表前に業としてその発明を実施した者に対し、その出願の国際公開後であって国内公表前に警告をしたときは、その実施に対する補償金請求権を当該特許権の設定の登録後に行使することができる。[H12-10 改]　　　　☞(4)答×

❏ 国際特許出願については、いわゆる補償金請求権は優先日から 1 年 6 月を経過する前に生ずる場合がある。[H2-50]
☞(3)(4)答○

4 在外者の特許管理人の特例

1 特許管理人によらないで手続ができる場合

(1)在外者は、国内処理基準時までは、特許管理人によらないで手続をすることができる（184条の11第1項）。

2 特許管理人の選任

(2)特許管理人の選任は、国内処理基準時の属する日後経済産業省令で定める期間（3月）内にしなければならない（184条の11第2項）。

3 特許管理人を選任しない場合の通知等

(3)国内処理基準時の属する日後経済産業省令で定める期間（3月）内に、特許管理人の選任の届出がなかったときは、特許庁長官は、在外者に対し、その旨を通知しなければならない（184条の11第3項）。

⇨通知を受けた在外者は、経済産業省令で定める期間内に限り、特許管理人を選任して特許庁長官に届け出ることができる（184条の11第4項）。

(4)184条の11第4項に規定する期間内に特許管理人の選任の届出がなかったときは、その国際特許出願は、取り下げたものとみなされる（184条の11第5項）。

⇨法定代理人等の不備（7条違反）の場合は、補正命令の後（17条3項）、出願が却下され得る（18条1項）ことと比較せよ。

(5)184条の11第4項に規定する期間内に特許管理人の選任の届出がないことに正当な理由があるときは、経済産業省令で定める期間内に限り、特許管理人を選任して特許庁長官に届け出ることができる（184条の11第6項）。

学習日	月 日	月 日	月 日	月 日
正答数	／5	／5	／5	／5

出た過去問! 出る予想問! 目標 4 分で答えよう

❏ 国際特許出願の出願人が、日本国内に住所又は居所（法人にあっては、営業所）を有しない者であっても、特許管理人によらず、出願審査の請求の手続をすることができる場合がある。[H25-16]　　　　☞(1)答○

❏ 当該国際出願の出願人が複数ですべて在外者であっても、国内処理基準時までは、特許管理人によらないで手続をすることができる。[H16-15]　　　　☞(1)答○

❏ 在外者である国際特許出願の出願人は、国内処理基準時の属する日までに特許管理人を選任していない場合は、その日後 14 日以内に、特許管理人を選任して特許庁長官に届け出なければならない。[H19-34]　　　　☞(2)答×

❏ 特許管理人によらないで手続をした在外者である国際特許出願の出願人が国内処理基準時の属する日後経済産業省令で定める期間後の通知の応答期間内に特許庁長官に特許管理人の選任届をしなかったときは、それを理由に<u>当該国際特許出願が却下される場合がある</u>。[H1-35 改]　　☞(3)(4)答×

❏ 在外者である国際特許出願の出願人は、<u>いかなる場合においても、国内処理基準時の属する日後経済産業省令で定める期間内に</u>、特許管理人を選任して特許庁長官に届け出なければならない。[H28- 条約 5]　　　　☞(3)(5)答×

1 国際特許出願の補正・分割の時期

(1)日本語特許出願は、国際出願日が認定されていても、①国内書面の提出、②手数料の納付がなければ、補正ができない（184条の12第1項）。

(2)外国語特許出願は、①国内書面の提出、②手数料の納付、③翻訳文の提出、④国内処理基準の経過後でなければ、補正ができない（184条の12第1項）。

(3)国際特許出願の分割は、補正と同様の制限がかかる。

⇨外国語特許出願では、出願人が出願審査請求をした場合は、補正のできる要件すべてを満たすことになるため、その後は、拒絶理由通知が来るまで、いつでも分割ができる。

2 国際特許出願の手続補正書での補正の範囲

(4)外国語特許出願を手続補正書で補正する場合は、翻訳文の範囲内であれば、新規事項の追加にはならない（184条の12第2項）。

3 外国語特許出願の誤訳訂正書での補正の範囲

(5)外国語特許出願の補正は、誤訳訂正書で補正する場合は、原文の範囲内ですることができる（184条の12第2項）。

4 国際特許出願で最後の拒絶理由通知が来た場合の補正違反の効果

(6)国際特許出願に対し、最後の拒絶理由通知に対して行った補正が、17条の2第3項から6項までの規定に違反している場合は、補正却下（53条）され得る。

学習日	月 日	月 日	月 日	月 日
正答数	／4	／4	／4	／4

出た過去問！出る予想問！ 目標 **4** 分で答えよう

❏ 日本語特許出願は、所定の書面を提出し、所定の手数料を納付すれば、国内処理基準時を経過する前であっても補正をすることができる。ただし、特許協力条約第19条又は特許協力条約第34条の規定に基づく補正は除く。[H5-25 改]

☞(1)🅰〇

❏ 外国語でされた国際特許出願については、<u>当該出願の翻訳文及び国内書面を提出し、かつ、納付すべき手数料を納付した後</u>、拒絶理由通知を受けるか特許査定の謄本の送達があるまでは、いつでも手続の補正（特許協力条約第19条に基づく補正及び特許協力条約第34条に基づく補正を除く。）をすることができる。[H27-11]

☞(2)🅰✕

❏ 外国語特許出願の出願人は、当該特許出願についての出願審査請求後、特許をすべき旨の査定の謄本の送達前は、いつでも二以上の発明を包含するその出願の一部を、一又は二以上の新たな特許出願とすることができる。ただし、その外国語特許出願の出願人に対し、拒絶の理由を通知することはないものとする。[H10-6 改]

☞(3)🅰〇

❏ 国際出願日における明細書、請求の範囲若しくは図面の中の説明の翻訳文又は国際出願日における図面（図面の中の説明を除く。）に記載した事項の範囲を超えてした特許請求の範囲の補正は、特許法第53条第1項（補正却下）の規定により却下されることがある。[H1-35 改]

☞(6)🅰〇

5章

補正の特例

1 特許原簿への登録の特例 (184条の12の2)

(1)日本語特許出願については、①国内書面の提出、②手数料の納付がなければ、仮専用実施権の登録はできない。

(2)外国語特許出願については、①国内書面の提出、②手数料の納付、③翻訳文の提出、④国内処理基準が経過しなければ、仮専用実施権の登録はできない。

⇨仮通常実施権については、登録制度が廃止されたため、184条の12の2の対象外である。

2 国際特許出願と新規性喪失の例外の適用

(3)国際特許出願は、国内処理基準時の属する日後経済産業省令で定める期間(30日)内に、新規性喪失の例外の適用を受ける旨の書面と証明書面を提出することができる(184条の14)。

⇨あくまで手続期間の終期を定めたにすぎない。

3 国際特許出願と優先権の特例

(4)国内優先権の先の出願が国際特許出願である場合の当該先の出願は、国内処理基準時又は国際出願日から経済産業省令で定める期間を経過した時のいずれか遅い時に、取り下げたものとみなされる(184条の15第4項)。

(5)国内優先権の後の出願が国際特許出願である場合の国内優先権主張の取下げは、優先日から30月までできる(PCT規則90の2.3)。

学習日	月　日	月　日	月　日	月　日
正答数	／5	／5	／5	／5

出た過去問！
出る予想問！　**目標 4 分で答えよう**

❏ 日本語特許出願において、仮専用実施権を登録するために
は、国内書面の提出及び手数料が納付されていれば国内処理
基準時の経過は不要である。[予想問]　　　　☞(1)答○

❏ 外国語特許出願において、仮専用実施権を登録するために
は、国内書面の提出、手数料の納付、翻訳文の提出がされ
ていれば、<u>国内処理基準時の経過は不要である</u>。[予想問]
　　　　　　　　　　　　　　　　　　　　☞(2)答×

❏ 国際特許出願で新規性喪失の例外適用を受ける場合には、
その旨を記載した書面及び証明書面を<u>国内書面提出期間か
ら30日以内</u>に提出しなければならない。[S63-15改]
　　　　　　　　　　　　　　　　　　　　☞(3)答×

❏ 新規性喪失の例外の規定の適用を受けようとする国際特許
出願の出願人は、その旨を記載した書面及び特許法第29
条第1項各号の一に該当するに至った発明が同法第30条
第2項の規定の適用を受けることができる発明であること
を証明する書面を<u>国内処理基準時の属する日後経済産業省
令で定める期間（3月）内に特許庁長官に提出しなければ
ならない</u>。[予想問]　　　　　　　　　　☞(3)答×

❏ 特許出願Aが国際特許出願であって、特許出願Bをする際
に、特許出願Aを基礎として優先権を主張した場合、特許
出願Aは、国内処理基準時又は国際出願日から経済産業省
令で定める期間を経過した時のいずれか遅いときに取り下
げたものとみなされる。[H24-7]　　　　　☞(4)答○

1 出願変更の特例

(1)日本語実用新案登録出願を特許出願へ変更するためには、①<u>国内書面</u>の提出、②<u>手数料</u>の納付が必要である（184 条の 16）。

⇨外国語実用新案登録出願を特許出願に変更するためには、①<u>国内書面</u>の提出、②<u>手数料</u>の納付、③<u>翻訳文</u>の提出が必要である（184 条の 16）。

(2)国際実用新案登録出願から<u>国際特許出願</u>に変更することは<u>できない</u>。

⇨国際実用新案登録出願から<u>外国語書面出願</u>に変更することは<u>できる</u>。

2 第三者の出願審査請求の特例

(3)第三者は、<u>国内書面提出期間</u>（優先日から 2 年 6 月又は<u>翻訳文提出特例期間</u>）の経過後でなければ、国際特許出願についての出願審査の請求をすることができない（184 条の 17）。

⇨ PCT23 条(1)に基づくものである。

3 出願人の出願審査請求の特例

(4)日本語特許出願の出願人は、①<u>国内書面</u>の提出、②<u>手数料</u>の納付がなければ、国際特許出願についての出願審査の請求をすることができない（184 条の 17）。

⇨外国語特許出願の出願人は、①<u>国内書面</u>の提出、②<u>手数料</u>の納付、③<u>翻訳文</u>の提出がなければ、国際特許出願についての出願審査の請求をすることができない（184 条の 17）。

⇨ PCT23 条(2)に基づくものである。

学習日	月 日	月 日	月 日	月 日
正答数	／6	／6	／6	／6

出た過去問！出る予想問！ 目標 **4** 分で答えよう

❑ 実用新案法第48条の3第1項の規定により実用新案登録出願とみなされた、日本語による国際出願については、国内書面を提出し、かつ、納付すべき手数料を納付した後でなければ、特許出願への変更をすることができない。[H27-11]　　　　　　　　　　　　　　　　　　☞(1)答○

❑ 国際実用新案登録出願から外国語特許出願への変更はできないが、外国語書面出願への変更はできる。[予想問]　　　　☞(2)答○

❑ 外国語でされた国際特許出願について、所定の翻訳文及び国内書面が提出され、所定の手数料が納付されていても、国内書面提出期間（翻訳文提出特例期間が適用される場合はその期間）の経過前に、出願人以外の者が出願審査の請求をすることはできない。[H15-44]　　　　　☞(3)答○

❑ 国際特許出願の出願人以外の者が行う国際特許出願についての出願審査請求は、その出願の優先日から2年6月以内（翻訳文提出特例期間を除く）にすることができる場合がある。[S62-41改]　　　　　　　　　　　　　　☞(3)答×

❑ 国際特許出願については、出願人と出願人以外の者とで、出願審査の請求をすることができる時期に相違がある場合がある。[S59-43改]　　　　　　　　　　　　☞(3)(4)答○

❑ 日本語でされた国際特許出願の出願人は、特許法第184条の5第1項に規定する書面の提出と、所定の手数料を納付した後でなければ、当該国際特許出願についての出願審査の請求をすることができない。[H24-47]　　　☞(4)答○

5章

出願変更・出願審査請求の特例等

8 拒絶理由・訂正の特例

1 外国語特許出願が原文の範囲を超えている場合

(1)外国語特許出願については、願書に添付した明細書等（翻訳文）に記載した事項が国際出願日における明細書等（原文）に記載した事項の範囲内にない場合は、拒絶理由・異議理由・無効理由となる（184条の18）。

⇨184条の18は、日本語特許出願には適用されない。

2 29条の2の適用と外国語特許出願と出願の取り下げ

(2)外国語特許出願は、国際公開がなされていれば、原則として、29条の2の引例となり得る（184条の13参照）。

⇨国内公表は、要件とはならない。

⇨外国語特許出願では、国際公開後に出願を取り下げた場合には、原則として、拡大された範囲の先願の地位を有する。

⇨但し、国際公開がされていても、翻訳文未提出により出願を取り下げたものとみなされた場合には、拡大された先願の地位は有しない。

3 訂正の特例

(3)外国語特許出願に係る特許について、誤記・誤訳の訂正を目的として訂正（120条の5第2項2号、126条1項2号、134条の2第1項2号）をする場合は、国際出願日における明細書、請求の範囲又は図面に記載した事項の範囲内において認められる（184条の19）。

⇨翻訳文の範囲内ではない。

学習日	月　日	月　日	月　日	月　日
正答数	／5	／5	／5	／5

出た過去問! 出る予想問! 目標 **4** 分で答えよう

☐ 外国語特許出願において、翻訳文が国際出願日における明細書、請求の範囲、図面の範囲を超えている場合には、拒絶理由となるが、異議申立理由、無効理由とはならない。[予想問]　　☞(1)答×

☐ 外国語特許出願が国際出願日における国際出願の明細書、請求の範囲又は図面に記載されている発明以外の発明についてされているとき、そのことにより拒絶をすべき旨の査定がなされる場合はない。[予想問]　　☞(1)答×

☐ 外国語特許出願については、国内公表により特許法第29条の2に規定する、いわゆる拡大された先願の地位が発生する。[H29-条約6]　　☞(2)答×

☐ 外国語でされた国際特許出願において、国内書面提出期間内に国際出願日における明細書及び請求の範囲の日本語による翻訳文が提出されず、その国際特許出願が取り下げられたものとみなされた場合であっても当該出願が国際公開されたものであれば、その国際特許出願の出願の日より後に出願された特許出願は、その国際特許出願をいわゆる拡大された範囲の先願として、特許法第29条の2の規定により拒絶される。[H28-特実20]　　☞(2)答×

☐ 外国語特許出願の特許権について、誤記・誤訳の訂正を目的とする訂正審判・訂正の請求において認められる訂正の範囲は、翻訳文の範囲内である。[予想問]　　☞(3)答×

必ず出る！基礎知識 **目標6分で覚えよう**

1 みなし国際出願の意義

(1)次の場合、国際出願の出願人は、特許庁長官に対し、PCT25条(2)(a)に規定する決定をすべき旨の申出をすることができる（184条の20第1項）。

① 受理官庁が国際出願日を認めることを拒否した場合。

② 受理官庁が国際出願は取り下げられたものとみなす旨を宣言した場合。

③ 国際事務局が記録原本を受理していなかったと認定した場合。

⇨ 特許庁長官が「正当でない旨の決定」をしたときは、上記拒否・宣言・認定がなかったとしたら国際出願日となったと認められる日にされた特許出願とみなされる（184条の20第4項）。これを、みなし国際出願という。

2 みなし国際出願と出願公開

(2)みなし国際出願は、国際公開されないため、原則として、優先日から1年6月を経過した時に出願公開がされる（184条の20第5項）。一方、国際特許出願は、国際公開されるため、出願公開されない（184条の9第4項参照）。

3 みなし国際出願と補正の開始時期

(3)みなし国際出願は、決定後でなければ補正をすることができない（特施令13条参照）。

4 みなし国際出願と不服申立て

(4)上記(1)の申出に対し、特許庁長官が「正当である旨」の決定をした場合、出願人は、行政不服審査法の規定による審査請求、行政事件訴訟法による訴えを提起できる。

学習日	月　日	月　日	月　日	月　日
正答数	／5	／5	／5	／5

出た過去問！
出る予想問！ 目標 **4** 分で答えよう

❏ 特許庁長官が、国際事務局の認定が正当でない旨の決定を
したときには、当該出願は<u>検査の申出があった日</u>にされた
特許出願とみなされる。[予想問]　　　　　　　☞(1)答×

❏ 国際事務局の認定が正当でない旨の決定がされ特許出願と
みなされた出願は、特許法の規定により出願公開がされる。
[予想問]　　　　　　　　　　　　　　　　☞(2)答○

❏ 国際特許出願については、特許法第 64 条（出願公開）の
出願公開がされる場合はない。[予想問]　　　☞(2)答○

❏ 特許法第 184 条の 20（決定により特許出願とみなされる
国際出願）の規定による決定により特許出願とみなされた
国際出願は、<u>常に</u>、その国際出願につきその拒否、宣言又
は認定がなかったものとした場合において<u>国際出願日とな
ったものと認められる日から 1 年 6 月を経過したとき</u>に、
特許掲載公報の発行をしたものを除き、出願公開がされる。
ただし、出願公開の請求はないものとする。[S63-23 改]
　　　　　　　　　　　　　　　　　　　　☞(2)答×

❏ 特許法第 184 条の 20 の規定に基づく申出に係る拒否が特
許協力条約及び特許協力条約に基づく規則の規定に照らし
て正当である旨の決定に対しては、行政不服審査法の規定
による審査請求をすることができる。[H9-39 改]　☞(4)答○

5章

み
な
し
国
際
出
願

1 請求項ごとの処分 (その他)

(1)特許権の放棄は、請求項ごとにすることができる (185条)。

(2)特許権の移転は、請求項ごとにすることができない (185条)。

(3)74条の特許権の移転請求は、請求項ごとにすることができない (185条)。

2 特許無効審判の共同請求

(4)132条1項の「同一の特許権」に該当するか否かは、請求項ごとに判断するため (185条参照)、請求項が異なる場合には、共同して無効審判を請求することができない。

3 拒絶査定不服審判の請求

(5)拒絶査定不服審判の請求は、請求項ごとにすることができない。

⇨一部の請求項でも問題があれば、査定は維持される。

4 閲覧等の請求

(6)何人も、特許庁長官に対し、特許に関し、証明・書類の閲覧等を請求することができる (186条)。

⇨但し、一定の書類 (186条1項1号～6号) について、特許庁長官が秘密を保持する必要があると認めるときは、請求を拒否することができる (186条1項但書)。

(7)特許庁長官は、一定の書類 (186条1項1号～5号) について、閲覧等の請求を認めるときは、当該書類を提出した者に対し、その旨及びその理由を通知しなければならない (186条2項)。

⇨閲覧等の「請求があったとき」ではなく、「請求を認めるとき」である点に注意。

学習日	月　日	月　日	月　日	月　日
正答数	／7	／7	／7	／7

● 出た過去問！ 出る予想問！ 目標 **4** 分で答えよう ●

❏ 二以上の請求項に係る特許権の放棄は請求項ごとにすることができる。[H7-16]　　　　　　　　　　　☞(1)答○

❏ 二以上の請求項に係る特許権について、当該特許権者は、請求項ごとにその特許権を移転することができる。[H3-7]　　　　　　　　　　　　　　　　　　　　　☞(2)答×

5章
雑則等(1)

❏ 二以上の請求項についてその一部に冒認がなされ特許法第74条第1項の移転を求める場合、請求項単位での移転が認められる。[予想問]　　　　　　　　　　☞(3)答×

❏ 請求項イ、ロに係る特許に関し、イに係る特許のみに対し特許無効審判を請求する者甲と、ロに係る特許のみに対し特許無効審判を請求する者乙は、共同して、その特許を無効にすることについて審判を請求することができない。[H12-50]　　　　　　　　　　　　　　　　　　☞(4)答○

❏ 特許請求の範囲に複数の請求項が記載された特許出願の拒絶査定不服審判において、一部の請求項に係る発明について特許を受けることができないと判断しただけでは、当該査定を維持する旨の審決をすることはできない。[H16-47]　　　　　　　　　　　　　　　　　　　　　☞(5)答×

❏ 利害関係人でなければ、特許庁長官に対し、書類の閲覧の請求をすることはできない。[予想問]　　　　☞(6)答×

❏ 特許庁長官は、特許法第186条第1項第1号から第5号に掲げる書類について、閲覧等の請求があったときは、当該書類を提出した者に対し、その旨及びその理由を通知しなければならない。[予想問]　　　　　　　　☞(7)答×

必ず出る！
基礎知識 **目標 6 分で覚えよう**

1 公示送達

(1)公示送達は、官報・特許公報・特許庁の掲示場に掲載することにより行い、官報に掲載された日から 20 日を経過することにより、その効力を生ずる(191 条 2 項・3 項)。

2 特許公報掲載事項

(2)出願公開後における拒絶をすべき旨の査定、特許出願の取下げ等は、特許公報に掲載される(193 条 2 項 1 号)。

(3)出願公開後における特許を受ける権利の承継(特定承継・一般承継)は、特許公報に掲載される(193 条 2 項 2 号)。

(4)最初の拒絶理由通知前の補正は、手続補正書・誤訳訂正書にかかわらず、すべてが特許公報の掲載事項である(193 条 2 項 3 号)。

⇨最初の拒絶理由通知後の補正は、誤訳訂正書による補正のみが特許公報に掲載される(193 条 2 項 3 号かっこ書)。

3 刑 事 罰

(5)親告罪は、秘密保持命令違反の罪のみである(200 条の 3 第 2 項)。告訴の効果は、本人だけではなく、法人にも及ぶ(201 条 2 項)。

(6)両罰規定は、①侵害罪(196 条、196 条の 2)、②詐欺行為の罪(197 条)、③虚偽表示の罪(198 条)、④秘密保持命令違反の罪(200 条の 3)に適用される(201 条 1 項各号)。

⇨偽証等の罪(199 条)は、身体刑しかないため、両罰規定の適用対象ではない。

(7)宣誓した当事者が特許庁等に対し虚偽の陳述をしたときは、過料に処される(202 条)。

学習日	月　日	月　日	月　日	月　日
正答数	／8	／8	／8	／8

出た過去問！
出る予想問！ **目標4分で答えよう**

❏ 特許法第191条第1項（いわゆる公示送達）の規定により公示送達がされた場合、その送達は、官報に掲載された日から<u>14日</u>を経過することにより、その効力を生ずる。
[H2-41]　　　　　　　　　　　　　　　　　☞(1)答✕

❏ 出願公開後における特許出願の取下げは、公報掲載事項である。[H5-43]　　　　　　　　　　　　　　☞(2)答✕

❏ 出願公開後における特許を受ける権利の相続は、公報掲載事項である。[予想問]　　　　　　　　　　　　☞(3)答○

❏ 出願公開後、拒絶理由通知を受ける前に、特許出願人が特許法第17条の2第1項の規定による補正をした場合、その補正は特許公報によって公表される。[H24-2]　☞(4)答○

❏ 秘密保持命令違反の罪は、告訴がなければ公訴を提起することができない。[H28-特実1]　　　　　　　☞(5)答○

❏ 法人の従業者が、その法人の業務に関し、秘密保持命令に違反する行為をしたとする。<u>当該従業者に対してした告訴の効力は、その法人には、及ばない。</u>[H17-19]　☞(5)答✕

❏ 両罰規定は、侵害罪、詐欺行為の罪、<u>偽証等の罪</u>、秘密保持命令違反の罪に適用される。[予想問]　　☞(6)答✕

❏ 判定の審理手続において、<u>宣誓した当事者</u>が特許庁に対し虚偽の陳述をしたときは、<u>懲役又は罰金</u>に処せられる。[H17-19]　　　　　　　　　　　　　　　☞(7)答✕

実用新案法

必ず出る！基礎知識　目標 **6** 分で覚えよう

1 実用新案登録出願

(1)実用新案法の保護対象は、物品の<u>形状・構造・組み合わせ</u>に係る考案である（実1条）。

⇨<u>方法・プログラム</u>は、実用新案の保護対象ではない。

(2)実用新案登録出願をする者は、願書に<u>明細書、実用新案登録請求の範囲、図面及び要約書</u>を添付しなければならない（実5条2項）。

⇨実用新案登録出願の願書における図面は、特許出願とは異なり（特36条2項参照）、<u>必須添付書面</u>である。

(3)要約書は、実用新案登録出願・特許出願ともに、<u>願書に添付</u>しなければならない（実5条2項、特36条2項）。

2 補正の時期

(4)手続をした者は、事件が特許庁に係属している場合に限り、<u>補正</u>をすることができる（実2条の2第1項本文）。

(5)<u>明細書、実用新案登録請求の範囲、図面若しくは要約書</u>又は優先権を主張する旨を記載した書面についての補正は、原則として、経済産業省令で定める期間（出願日から<u>1月</u>）を経過するまで、認められる（実2条の2第1項但書）。

⇨補正の始期は、①分割変更の場合は<u>原出願の日</u>、②パリ優先権主張を伴う場合は<u>我が国の出願</u>の日、③国内優先権主張を伴う場合は<u>後の出願</u>の日となる。

(6)上記(5)の期間経過後でも、<u>補正命令</u>（実2条の2第4項、実6条の2）を受けた場合は、手続の補正ができる。

学習日	月　日	月　日	月　日	月　日
正答数	／6	／6	／6	／6

出た過去問！ 出る予想問！ 目標 **4** 分で答えよう

❏ コンピュータープログラム自体については実用新案登録を
受けることができない。[H19-53]　　　　　　☞(1)答○

❏ 実用新案登録出願に際して、明細書、実用新案登録請求の
範囲、必要な図面及び要約書を願書に添付しなければなら
ないと規定されている。[H22-30]　　　　　　☞(2)答×

❏ 実用新案登録出願の願書には、必ず図面を添付しなければ
ならないが、特許出願の願書には必ずしも図面を添付する
必要はない。[H6-49]　　　　　　　　　　　☞(2)答○

❏ 特許法には要約書を出願の際に添付しなければならない旨
の規定があるが、実用新案法にも、それに対応する規定が
ある。[H5-34]　　　　　　　　　　　　　　☞(3)答○

❏ パリ条約による優先権の主張を伴う実用新案登録出願にお
ける実用新案法第2条の2第1項ただし書きの規定により、
実用新案登録出願の願書に添付した明細書、実用新案登録
請求の範囲又は図面について補正をすることができる期間
は、第1国の出願の日を基準として起算される。[予想問]
　　　　　　　　　　　　　　　　　　　　　☞(5)答×

❏ 実用新案登録出願人は、経済産業省令で定める期間を経過
した後は、その出願の願書に添付した実用新案登録請求の
範囲について補正をすることができる場合はない。ただし、
実用新案登録出願は、国際出願に係るものではないものと
する。[H19-34]　　　　　　　　　　　　　☞(6)答×

必ず出る！基礎知識 **目標 6 分で覚えよう**

1 補正の範囲

(1)補正は、願書に最初に添付した明細書、実用新案登録請求の範囲又は図面の範囲内ですることができる（実2条の2第2項）。

⇨この範囲を超えて補正をした場合でも、基礎的要件（実6条の2参照）の審査対象ではないので、登録はされる。但し、最終的には、無効審判の対象になる。

2 補正書の種類

(2)実用新案法の補正書は、①手続補正書、②手数料補正書、③登録料補正書の3種類である（実2条の2第5項参照）。

(3)実用新案法には、特許法とは異なり、外国語書面出願制度がないため、誤訳訂正書による補正はない。

3 要約書等の補正の時期

(4)基礎要件（実6条の2）違反でも、要約書に対する補正命令はなされない。

(5)訂正の添付書面は、補正が認められない（実2条の2第3項）。

⇨実用新案登録請求の範囲の訂正を1回に限った趣旨に反するからである。

⇨但し、補正命令が出た場合は、補正が可能である。

(6)実用新案では、第1年分〜第3年分までの登録料を出願と同時に納付しなければ、補正が命ぜられる場合がある。

⇨特許のように、登録査定謄本送達の日から30日間という期間がなく、直ちに却下するのは酷だからである。

学習日	月　日	月　日	月　日	月　日
正答数	／5	／5	／5	／5

出た過去問！
出る予想問！　目標 **4** 分で答えよう

❏ 実用新案登録出願の願書に添付した明細書、実用新案登録請求の範囲又は図面についての補正により、当該願書に添付した明細書、実用新案登録請求の範囲又は図面に記載した事項が、願書に最初に添付した明細書、実用新案登録請求の範囲又は図面に記載した事項の範囲内にないものとなったとき、特許庁長官はそのことを理由として願書に添付した明細書、実用新案登録請求の範囲又は図面について補正をすべきことを命ずることができる。[H12-18] ☞(1)圀×

❏ 実用新案登録出願には外国語書面出願制度がないから、補正書の種類は手続補正書、手数料補正書のみである。[予想問] ☞(2)圀

❏ 外国語実用新案登録出願の出願人が、誤訳の訂正を目的として明細書又は図面について補正をするときは、その理由を記載した誤訳訂正書を提出できる場合がある。[H9-41] ☞(3)圀×

❏ 実用新案登録出願の日から1月経過した場合でも、実用新案法第6条の2の規定による補正命令がされたときは、要約書について補正をすることができる。[予想問] ☞(4)圀×

❏ 実用新案法第14条の2第1項の訂正に係る訂正書に添付した訂正した明細書、実用新案登録請求の範囲又は図面については、その補正をすることができる場合はない。[H26-59] ☞(5)圀×

6章

補

正

(2)

3 法人格なき社団等

1 法人格なき社団等と国内処理の請求

(1)法人格なき社団等は、国内処理の請求はできない（実48条の4第6項、実2条の4参照）。

⇨出願審査の請求（特48条の3）と異なり、国内処理の請求は、出願人しかできない（実48条の5第4項）。

2 法人格なき社団等と実用新案技術評価の請求

(2)法人格なき社団等は、実用新案技術評価の請求が可能である（実2条の4第1項1号）。

⇨実用新案権侵害訴訟の被告となった場合、自己に有利な評価書を再度請求しておく必要があるからである。

3 法人格なき社団等と無効審判の請求・再審の請求

(3)法人格なき社団等は、無効審判の請求ができる（実2条の4第1項2号）。

(4)法人格なき社団等は、参加人になることができる（準特148条1項）。

⇨無効審判の請求ができるということは、少なくとも当事者参加人になることができるからである。

(5)法人格なき社団等は、無効審判の確定した請求棄却審決に対し、再審の請求ができる。

⇨また、確定した請求認容審決に対しては、再審を請求されることがあり得る（実2条の4第1項3号・2項）。

4 法人格なき社団等と料金納付

(6)法人格なき社団等は、利害関係人として、登録料の納付をすることができない（実2条の4参照）。

学習日	月　日	月　日	月　日	月　日
正答数	／5	／5	／5	／5

出た過去問！
出る予想問！ 目標 **4** 分で答えよう

❏ 外国語特許出願については、法人格なき社団又は財団が出願審査の請求をすることにより、実体審査に向けて処理が開始される。したがって、法人格なき社団又は財団は、外国語実用新案登録出願の処理開始の条件である国内処理の請求もすることができる。[予想問]　☞(1)答×

❏ 法人でない社団又は財団であって、代表者又は管理人の定めがあるものは、その名において、特許庁長官に対し、実用新案技術評価の請求をすることができる。[H23-23]　☞(2)答○

❏ 法人でない社団又は財団であって、代表者又は管理人の定めがあるものは、その名において、実用新案登録無効審判に参加することができる場合はない。[H10-18改]　☞(4)答×

❏ 法人でない社団又は財団であって、代表者又は管理人の定めがあるものが、その名において、実用新案登録無効審判の確定審決に対する再審を請求することができる場合はない。[H1-22改]　☞(5)答×

❏ 法人でない社団又は財団であって、代表者又は管理人の定めがあるものは、利害関係人として、登録料の納付をすることができる。[予想問]　☞(6)答×

6章

法人格なき社団等

必ず出る!
基礎知識 **目標6分で覚えよう**

1 基礎的要件の審査主体

(1)特許庁長官は、基礎的要件の審査を行い、要件不備の場合は、補正をすべきことを命ずることができる(実6条の2)。

2 基礎的要件の審査の内容

(2)自然法則を利用していないものは、考案ではないため、基礎的要件違反になる(実6条の2第1号)。

⇨産業上利用可能性違反は、基礎的要件の対象ではない。

(3)実用新案登録出願に係る考案が公序良俗(実4条)違反の場合は、基礎的要件違反になる(実6条の2第2号)。

(4)実用新案登録請求の範囲の記載方式が経済産業省令に違反している場合(実5条6項4号)は、基礎的要件違反になる(実6条の2第3号)。その他の明細書、実用新案登録請求の範囲の記載不備は、基礎的要件違反ではない。

(5)考案の単一性(実6条)違反の場合は、基礎的要件違反になる(実6条の2第3号)。

(6)明細書等に必要な事項が記載されておらず、又はその記載が著しく不明確である場合は、基礎的要件違反になる(実6条の2第4号)。

3 訂正と基礎的要件違反の審査

(7)実14条の2第1項訂正の場合は、特許庁長官は、基礎的要件の審査を行い、要件不備の場合は補正をすべきことを命ずることができる(実14条の3)。

⇨実14条の2第7項訂正の場合には、その必要はない。

学習日	月 日	月 日	月 日	月 日
正答数	／5	／5	／5	／5

出た過去問！出る予想問！ 目標 **4** 分で答えよう

❑ 実用新案登録出願は、実用新案法第6条の2各号に規定するいわゆる基礎的要件について審査がなされ、当該要件を満たしていないと認められる場合、特許庁長官は実用新案登録出願人に対し補正をすべきことを命ずることができる。[H20-1]　☞(1)答○

❑ 実用新案登録出願に係る考案が自然法則を利用しないものである時は、特許庁長官が補正を命ずることがある。[H6-36]　☞(2)答○

❑ 実用新案登録出願に係る考案が、公の秩序、善良の風俗又は公衆の衛生を害するおそれがあるものである場合、特許庁長官は、願書に添付した明細書、実用新案登録請求の範囲又は図面について補正を命ずることなく、当該実用新案登録出願を却下することができる。[H30-特実18]　☞(3)答×

❑ 実用新案登録出願の願書に添付した実用新案登録請求の範囲に記載された考案が、願書に最初に添付した明細書の考案の詳細な説明に記載されていない場合、特許庁長官は、相当の期間を指定して、願書に添付した明細書、実用新案登録請求の範囲又は図面についての補正をすべきことを命ずることができる。[H19-53]　☞(4)答×

❑ 実用新案登録出願が、一の出願で出願をすることができない二以上の考案についてしたものであるときでも、特許庁長官は願書に添付した明細書、実用新案登録請求の範囲又は図面について補正を命ずることはできない。[H12-18]　☞(5)答×

6章 基礎的要件の審査

5 実用新案技術評価書(1)：請求

1 実用新案技術評価の請求人

(1)実用新案技術評価は、何人も請求できる（実12条1項）。
⇨法人格なき社団等も請求できる（実2条の4第1項1号）。

2 実用新案技術評価の請求時期

(2)実用新案技術評価は、出願後であれば、設定登録前であっても請求ができる。

(3)実用新案技術評価の請求は、権利消滅後でもできる（実12条2項本文）。

⇨但し、無効審判で無効にされた後は、実用新案技術評価の請求をすることができない（実12条2項但書）。

⇨無効審判は請求項ごとにできるので、一部の請求項が無効になっても、他の請求項については、実用新案技術評価の請求ができる（実50条の2参照）。

(4)実用新案登録に基づく特許出願があった後は、実用新案技術評価の請求をすることができない（実12条3項）。

(5)国際実用新案登録出願の場合は国内処理基準時を経過した後（実48条の13）、みなし実用新案登録出願の場合は実48条の16第4項に規定する決定の後（実48条の16第6項、実施令1条）でなければ、実用新案技術評価の請求をすることができない。

3 実用新案技術評価書の作成主体

(6)実用新案技術評価書の作成は、審査官が行う（実12条4項）。
⇨特許庁長官は、行わない。
⇨但し、審査官に対しては、除斥の適用がない。

学習日	月　日	月　日	月　日	月　日
正答数	／7	／7	／7	／7

出た過去問！
出る予想問！　**目標4分で答えよう**

❏ 実用新案登録出願人以外の者であっても、当該実用新案技術評価の請求をすることができる。［予想問］　☞(1)㊜〇

❏ 実用新案技術評価は、実用新案の設定登録がなされる前であっても何人も請求することができる。［H14-10］　☞(2)㊜〇

❏ 実用新案技術評価の請求は、実用新案法第31条第1項の規定による第4年分の登録料を納付しなかったために、当該実用新案権が消滅した後においてはすることができる場合はない。［H16-46］　☞(3)㊜✕

❏ 2以上の請求項に係る実用新案登録について、その一部の請求項に係る実用新案登録が実用新案登録無効審判により無効にされた後は、実用新案登録無効審判が請求されていない請求項についても、実用新案技術評価を請求することができない。［H23-23］　☞(3)㊜✕

❏ 実用新案登録に基づく特許出願をし、その実用新案権を放棄した後においても、何人も、特許庁長官に、その登録実用新案に係る実用新案技術評価を請求することができる。［H27-13］　☞(4)㊜✕

❏ 国際実用新案登録出願の出願人は、国内処理基準時を経過する前であっても、当該国際実用新案登録出願に係る実用新案技術評価の請求をすることができる場合がある。［H19-53］　☞(5)㊜✕

❏ 実用新案技術評価の請求人が配偶者であるときは、当該審査官は、当該実用新案技術評価書を作成する職務の執行から除斥される。［H15-10］　☞(6)㊜✕

1　実用新案技術評価書と評価の対象

(1)実用新案技術評価の対象は、①刊行物公知（実3条1項1号・2号は対象外）、②刊行物公知からの進歩性（実3条2項）、③拡大先願（実3条の2）、④先願主義（実7条）である。

2　実用新案技術評価書の手続

(2)実用新案技術評価の請求の手数料の納付に際しては、減免はあるが（実54条8項）、猶予がない。

(3)実用新案技術評価の請求には、回数制限がない。

(4)実用新案技術評価の請求は、取り下げることはできない（実12条6項）。

(5)実用新案技術評価書の評価に対しては、不服申立てができない。

3　実用新案技術評価の公報掲載（実13条1項）

(6)実用新案技術評価の請求があったときは、その旨が公報に掲載される。

⇨評価書の作成があったときに掲載されるのではない。

(7)実用新案技術評価の請求は、その内容ではなく、その旨が掲載される。

4　権利行使と責任（実29条の2、実29条の3）

(8)実用新案法における権利行使は、実用新案技術評価書を提示して警告する必要がある。

(9)実用新案権者が権利行使をした後、無効審決が確定した場合には、損害賠償の請求がなされる。

⇨但し、肯定的評価書を提示して権利行使した場合には、損害賠償が免責される場合がある。

学習日	月 日	月 日	月 日	月 日
正答数	／6	／6	／6	／6

出た過去問！
出る予想問！ 目標 **4** 分で答えよう

❏ 実用新案登録出願又は実用新案登録については、何人も、特許庁長官にその実用新案登録出願に係る考案又は登録実用新案に関する技術評価であって、<u>実用新案法第3条第1項各号及び第2項、第3条の2並びに第7条第1項から第3項まで及び第6項の規定に係るもの</u>を請求することができる。[H6-5]　　　　　　　　　　　☞(1)答×

❏ 実用新案登録出願人又は実用新案権者でない者から実用新案技術評価の請求がなされた場合であっても、実用新案登録出願人又は実用新案権者が新たに実用新案技術評価の請求をすることができる。[H17-31]　　　　　　☞(3)答○

❏ 2以上の請求項に係る実用新案登録出願又は実用新案登録のすべての請求項について実用新案技術評価を請求した場合、請求人は、<u>請求項ごとに実用新案技術評価の請求を取り下げることができる</u>。[H23-23]　　　　　　☞(4)答×

❏ 実用新案技術評価書が<u>作成されたとき</u>は、特許庁長官は、その旨を実用新案公報に掲載しなければならない。[H15-10]　　　　　　　　　　　　　　　　　　☞(6)答×

❏ 実用新案技術評価の報告書に記載された技術評価の内容は<u>実用新案公報に掲載される</u>。[H6-5]　　　　　☞(7)答×

❏ 実用新案権者が侵害者甲に対してその権利を行使した後に、当該実用新案登録を<u>無効にすべき旨の審決が確定した場合、その実用新案権者が当該権利行使によって甲に与えた損害を賠償する責任を免れることはない</u>。[H16-28]　　☞(9)答×

1 無審査登録主義

(1)実用新案登録出願があったときは、その出願が放棄・取下げ・却下となった場合を除き、実用新案権の設定登録がされる（実14条2項）。

2 実用新案権と掲載公報・権利行使の特則

(2)実用新案権の設定登録があった場合には、実用新案掲載公報が発行される。

⇨平成16年法改正において、実14条の2第1項訂正が規定されたことにより、実用新案登録請求の範囲だけでなく明細書等の記載も公報掲載する全部公開方式を採用している。

(3)無審査登録主義を採用しているため、過失の推定は適用されない（実30条参照）。

⇨したがって、損害賠償を請求（民709条）するためには、原告である実用新案権者が侵害者側の故意又は過失を立証しなければならない。

(4)実用新案技術評価書を提示・警告しないで訴えを提起した場合、訴えが直ちに却下されることはない。

⇨但し、最終的には認容判決とならない。

⇨実用新案技術評価書の評価が否定的であっても、差止め・損害賠償の請求をすることができる。

(5)実用新案技術評価書を提示・警告しなくても、実施権の設定・許諾はできる。

⇨実施権の設定・許諾は、侵害者等に対する権利行使ではないからである。

学習日	月　日	月　日	月　日	月　日
正答数	／6	／6	／6	／6

出た過去問！
出る予想問！ **目標4分で答えよう**

❏ 実用新案登録出願があったときは、その実用新案登録出願が放棄され、取り下げられ、又は却下された場合を除き、実用新案権の設定の登録がされる。[H22-30] ☞(1)答〇

❏ 実用新案権の設定の登録があったときは、実用新案公報には、願書に添付した明細書の考案の名称及び図面の簡単な説明のみならず、考案の詳細な説明も掲載しなければならない。[H19-40] ☞(2)答〇

❏ 実用新案権者は自己の実用新案権を侵害した者に対し、その侵害により自己が受けた損害の賠償を請求する場合には、その侵害の行為について、故意又は過失があったことを立証しなければならない。[H6-39] ☞(3)答〇

❏ 実用新案権者がその登録実用新案に係る実用新案技術評価書を提示せずに警告を行った場合、侵害訴訟を提起しても、その訴訟の請求は直ちに却下される。[H12-20] ☞(4)答×

❏ 実用新案技術評価書の評価が否定的である場合には、無効になる可能性が高いことから、差止め、損害賠償等の権利行使はできない。[予想問] ☞(4)答×

❏ 実用新案技術評価書を提示・警告をしなければ、実施権の設定はできない。[予想問] ☞(5)答×

6章

無審査登録主義

8 訂 正 ⑴

1 実用新案権の共有と訂正

(1)実用新案権が共有の場合は、共有者全員で実14条の2第1項・7項訂正をする必要がある（準特132条3項）。

2 実14条の2第1項訂正の目的

(2)実14条の2第1項訂正の目的は、①実用新案登録請求の範囲の減縮、②誤記の訂正、③明瞭でない記載の釈明、④従属請求項を独立請求項にする、の4点である。

3 実14条の2第1項訂正の回数

(3)実14条の2第1項訂正は、1回に限りできる。

4 実14条の2第1項訂正の時期

(4)実用新案登録請求の範囲を減縮する訂正（実14条の2第1項訂正）は、①最初の実用新案技術評価書の謄本の送達があった日から2月、②実用新案登録無効審判について最初に指定された答弁書提出期間のいずれか早い方の期間を経過した後は、することができない。

⇨上記「2月」には、①準特4条延長、②不責事由に基づく追完がある。

(5)実14条の2第1項訂正の時期である無効審判の最初の答弁書提出期間は、請求項との関係を問わず、最初の答弁書提出期間である。

⇨追完は、認められていない（実14条の2第6項参照）。

5 訂正の手続

(6)実14条の2第1項・7項訂正をするには、訂正書の提出が必要である（実14条の2第9項）。実14条の2第1項訂正の場合は、訂正書に訂正した明細書等を添付する。

学習日	月　日	月　日	月　日	月　日
正答数	／4	／4	／4	／4

出た過去問！
出る予想問！ **目標4分で答えよう**

❏ 実用新案権が共有に係る場合、各共有者は他の共有者の同意を得れば、単独で願書に添付した明細書、実用新案登録請求の範囲又は図面の訂正をすることができる。[H7-4]

☞(1)答×

❏ 実用新案権者は、一部の請求項について実用新案技術評価を請求した場合において、その一部の請求項についての最初の実用新案技術評価書の謄本の送達があった日から2月（実用新案法第14条の2第6項の規定により延長が認められた場合にはその延長された期間）を経過したときであっても、他の請求項については、願書に添付した明細書、実用新案登録請求の範囲又は図面の訂正をすることができる。[H26-59]

☞(4)答×

❏ 実用新案権者は、実用新案登録無効審判の請求があって答弁書を提出するために最初に指定された期間を経過するまでに、その責に帰することのできない理由により訂正をすることができない場合であっても、その理由がなくなった日から14日（在外者にあっては、2月）以内でその期間の経過後6月以内であればその訂正をすることは可能である。[H25-10]

☞(5)答×

❏ 実用新案権者は、請求項の削除を目的とする訂正をするには、訂正書を提出しなければならないが、その訂正書には、訂正した実用新案登録請求の範囲を添付しなければならない。[H23-19]

☞(6)答×

6章

訂

正

(1)

9 訂 正 ②

1 実14条の2第7項訂正の目的

(1)実14条の2第7項訂正の目的は、請求項の削除である。

⇨明細書や図面の訂正を目的とすることはできない。

2 実14条の2第7項訂正の回数

(2)実14条の2第7項訂正には、回数の制限はない。

⇨請求の削除を目的とするにすぎないからである。

3 実14条の2第7項訂正の時期

(3)実14条の2第7項訂正は、原則として、設定登録後いつ
でもできる。但し、無効審判が特許庁に係属している場
合において、審理終結通知があった後は、審理の再開が
されない限り、同条7項訂正はできない（実14条の2第7
項但書）。

4 権利消滅後の訂正

(4)実14条の2第1項・7項訂正は、原則として、権利消滅
後でもできる。但し、無効審決の確定により消滅した場
合には、訂正の対象がないため、訂正できない（実14条
の2第8項但書）。

(5)実用新案法の訂正の効力は、適法な訂正書が受理された
時点で発生する。

⇨特許法の訂正審判・訂正の請求は、審決確定で効力が発
生する（特128条）。

5 そ の 他

(6)実用新案権が共有である場合、共有者の1人に中断事由
が生じても、実14条の2第1項・7項訂正ともに手続が
中断しない（実14条の2第13項参照）。

学習日	月 日	月 日	月 日	月 日
正答数	／5	／5	／5	／5

出た過去問！
出る予想問！ **目標 4 分で答えよう**

❏ 実用新案権者は、実14条の2第7項の訂正で請求項を削除するとともに、削除した請求項に対応する考案の詳細な説明又は図面の記載を削除する訂正をすることができる。
[H12-17 改]　　　　　　　　　　　　　　☞(1)答×

❏ 実用新案登録無効審判が特許庁に属している場合において、実用新案権者は、いつでも、請求項の削除を目的とするものについて、願書に添付した明細書、実用新案登録請求の範囲又は図面の訂正をすることができる。[H23-19]
　　　　　　　　　　　　　　　　　　　　☞(3)答×

❏ 請求項の削除を目的とする訂正は、実用新案法第31条第1項の規定による第4年分の登録料を納付しなかったために、当該実用新案権が消滅した後においてはすることができる場合はない。[H16-46]　　　　　　　☞(4)答×

❏ 実用新案登録無効審判において、最初に指定された答弁書を提出することができる期間内に行った訂正の効果は、当該審判の請求が取り下げられたときには、認められない。
[H23-19]　　　　　　　　　　　　　　　☞(5)答×

❏ 実用新案権が共有に係るときは、共有者の全員が共同して訂正をしなければならず、共有者の1人について中断の原因があるときは、全員について中断の効力が生じる。[H14-26]　　　　　　　　　　　　　　　　　　☞(6)答×

6章

訂正

(2)

必ず出る！
基礎知識 目標 **6** 分で覚えよう

1 登録料の納付期間

(1)実用新案の第1年分〜第3年分の登録料は、原則として、出願と同時に一時に支払う(実32条1項)。

⇨請求を条件として、30日間、納付日の延長ができる。つまり、出願と同時でなくても登録料の支払いが可能な場合がある(実32条3項)。

⇨不責事由がある場合は、更にその期間が経過しても登録料の納付ができる(実32条4項)。

⇨出願と同時に納付しない場合、補正命令(実2条の2第4項3号)を受けることがある。

(2)4年目以降の登録料は、前年以前に納付しなければならない(実32条2項)。

2 出願変更等の登録料の納付期間等

(3)出願変更等により、存続期間が原出願から起算して3年に満たない場合でも、第1年分〜第3年分の登録料は、原則として、出願と同時に納付しなければならない(実32条1項)。

(4)国際実用新案登録出願における第1年分〜第3年分の登録料は、国内書面提出期間内に納付すればよい(実48条の12)。

⇨国内処理の請求をした場合は、その請求の時までに納付する。

(5)第1年分〜第3年分の登録料は、減免・猶予の対象となる(実32条の2)。

⇨減免・猶予を受けることができる者は、特許のように広く認められず、考案者又はその相続人のみ(実32条の2)。

学習日	月 日	月 日	月 日	月 日
正答数	／6	／6	／6	／6

出た過去問！　出る予想問！　目標 **4** 分で答えよう

❏ 特許出願から実用新案登録出願に変更した実用新案権についての第１年から第３年までの各年分の登録料は、出願の変更と同時に一時に納付しなければならない。[H15-26]

☞(1)答○

❏ 特許出願を実用新案登録出願に変更した場合、第１年から第３年までの各年分の登録料は、その納付を猶予されていなくても、出願変更の日から 30 日以内に納付できることがある。[H14-31]

☞(1)答○

❏ 出願と同時に第１年から第３年までの各年分の登録料の納付ができない場合には、特許庁長官から補正が命ぜられる場合がある。[予想問]

☞(1)答○

❏ 甲は、特許出願を、その特許出願について拒絶をすべき旨の最初の査定の謄本の送達を受ける前であって、その出願の日から７年６月を経過したときに実用新案登録出願に変更した。この場合、甲は、第１年から第３年までの各年分の登録料を出願の変更と同時に一時に納付しなければならない。[H20-1 改]

☞(3)答○

❏ 国際実用新案登録出願について、納付すべき第１年から第３年までの各年分の登録料は、<u>国内書面提出期間内であれば、いつでも納付することができる</u>。[H6-18]　☞(4)答×

❏ 従業者がその職務においてした考案について契約により<u>実用新案登録を受ける権利を取得した使用者が、資力に乏しい者であるとき</u>は、第１年から第３年までの各年分の登録料の納付が猶予されることがある。[H18-9 改]　☞(5)答×

必ず出る！基礎知識　目標**6**分で覚えよう

1 実用新案権の回復

(1)追納できる期間が経過しても登録料の納付ができなかった場合、権利は、実32条2項に規定する期間の経過時に遡って消滅する(実33条4項)。但し、原権利者に納付できないことにつき<u>正当な理由</u>がある場合には、その理由がなくなった日から<u>2月</u>以内、かつその期間経過後<u>1年</u>以内であれば、権利の回復ができる(実33条の2第1項)。

2 実用新案権回復後の効力の制限

(2)追納できる期間経過後から<u>回復の登録</u>までの間に実施・製造等した物には、権利の効力は及ばない。

⇨<u>追納期間中</u>の実施行為等には、権利の効力が及ぶ。

⇨特許法と同様、<u>法定通常実施権は生じない</u>。

3 料金の返還等

(3)①<u>過誤納</u>の登録料、②実用新案登録出願の<u>却下処分</u>が確定した場合の登録料、③実用新案登録無効審判の無効審決が確定した場合の<u>翌年以降</u>の登録料、④実用新案権の存続期間の満了の日の属する年の<u>翌年以降</u>の各年分の登録料は、納付した者の<u>請求</u>を条件として、<u>返還</u>される(実34条1項)。

⇨出願が却下されても、<u>出願料は返還されない</u>。

4 料金の返還請求の時期

(4)料金返還の請求期間は、過誤納の場合は<u>納付日</u>から<u>1年</u>以内、上記(3)②③の場合は処分確定日から<u>6月</u>以内、上記(3)④の場合は設定登録日から<u>1年</u>以内である(実34条2項)。

⇨上記期間には、<u>追完</u>がある(実34条3項)。

学習日	月 日	月 日	月 日	月 日
正答数	／5	／5	／5	／5

出た過去問！
出る予想問！ 目標 **4** 分で答えよう

❏ 実用新案法第 33 条の 2 第 2 項（実用新案権の回復）の規定により実用新案権が回復した場合において、その実用新案権の効力が、同法第 32 条 2 項（登録料の納付期限）に規定する期間の経過後その実用新案権の回復の登録前における当該実用新案権に係る考案の実施に及ぶ場合がある。
　［予想問］　　　　　　　　　　　　　　　　　　☞(2)🅐◯

❏ 実用新案権の既納の登録料は、過誤納の登録料、当該実用新案登録出願を却下にすべき旨の処分が確定した場合の登録料及び当該実用新案権を無効にすべき旨の審決が確定した年の翌年以後の各年分の登録料に限り、納付した者の請求により返還される。［H7-15 改］　　　　　　☞(3)🅐✕

❏ 実用新案登録を無効にすべき旨の審決が確定した年の分の既納の登録料は、納付した者の請求があっても返還されない。［H18-9 改］　　　　　　　　　　　　　　　☞(3)🅐◯

❏ 実用新案は無審査登録主義を採っているので、出願と同時に出願と登録料を支払う。したがって、出願が却下されその処分が確定した場合には、出願料と登録料の両方が請求を条件として返還される。［予想問］　　　　☞(3)🅐✕

❏ 登録料を納付した者は、当該実用新案権の設定の登録があった日から 1 年以内は、既に納付した実用新案権の存続期間満了の日の属する年の翌年以後の各年分の登録料の返還を請求できる。［H14-31］　　　　　　　☞(4)🅐◯

6章

登録料の納付時期(2)‥回復・返還

1 無効審判請求人

(1)実用新案法の無効審判は、原則として、何人も請求する
ことができる（実37条2項）。

2 訂正違反と無効審判

(2)実14条の2第1項訂正違反の場合には、無効理由（実37
条1項7号）となる。実14条の2第7項訂正は、無効審
判の対象とはならない。

3 基礎的要件と無効理由との関係

(3)実5条6項4号（経済産業省令違反）、実6条（考案の単一性
の要件違反）は、基礎的要件（実6条の2）の対象となるが、
無効理由とはならない。

4 評価書との関係・登録を有する者に対する通知

(4)無効審判は、実用新案技術評価には拘束されない。

(5)無効審判の請求があった場合は、実用新案権についての
専用実施権者その他その実用新案登録に関し登録した権
利を有する者にその旨が通知される（実37条4項）。

5 審判請求書の補正

(6)実14条の2第1項訂正が行われた場合には、要旨変更
となるものであっても、特許法と同様に、請求の理由の
補正を可能とする規定がある（実38条の2第2項1号）。

⇨実14条の2第7項訂正には、当該規定はない。

6 訂正と副本の送達

(7)無効審決に対する訴えが裁判所に係属している場合にお
いて訂正があったとき、審判長は、当該訂正書の副本を
審判請求人に送達することを要しない（実39条3項参照）。

学習日	月　日	月　日	月　日	月　日
正答数	／7	／7	／7	／7

出た過去問！出る予想問！ 目標 **4** 分で答えよう

❏ 実用新案登録無効審判は、<u>利害関係人に限り</u>請求することができる。[H16-28]　☞(1)答×

❏ 請求項を削除する訂正（14条の2第7項）の違反は、無効理由には該当しない。[予想問]　☞(2)答○

❏ 実用新案登録出願は、実用新案法第6条の2各号に規定する基礎的要件を満たすことが必要であるが、この基礎的要件違反は、<u>いずれも</u>実用新案登録無効審判の無効理由となっている。[H14-18]　☞(3)答×

❏ 実用新案登録の無効審判を審理する審判官は、<u>当該実用新案技術評価書の権利の有効性についての記述に従って</u>、その無効理由の可否を判断しなければならない。[H14-18]　☞(4)答×

❏ 審判長は、実用新案登録無効審判の請求があったときは、その旨を当該実用新案権についての専用実施権者に通知しなければならない。[H26-59]　☞(5)答○

❏ 実用新案法第14条の2第7項の訂正がなされた場合には、審判長の決定により無効審判の請求書の理由補充ができる旨の規定はない。[予想問]　☞(6)答○

❏ 実用新案登録を無効にすべき旨の審決に対する訴えが裁判所に係属している場合において、願書に添付した明細書、実用新案登録請求の範囲又は図面の訂正があったとき、審判長はその副本を当該審判の請求人に送達することを要しない。[H12-34]　☞(7)答○

6章 審判請求及びその手続

1 外国語実用新案登録出願の翻訳文の提出

(1)外国語実用新案登録出願は、優先日から <u>2</u> 年 <u>6</u> 月以内に ①明細書、②請求の範囲、③図面の中の説明、④要約の 翻訳文を提出しなければならない（実48条の4第1項本文）。

⇨国内書面の提出が優先日から <u>28</u> 月以後である場合には、 国内書面（実48条の5）の提出日から <u>2</u> 月以内に、翻訳文 の提出をすることができる（実48条の4第1項但書）。

⇨上記期間内に、明細書・請求の範囲の翻訳文（以下「明細 書等翻訳文」）の提出がなかった場合は、国際出願は、取下 擬制となる（実48条の4第3項）。

⇨その不提出について正当な理由があるときは、その理由 がなくなった日から <u>2</u> 月以内で国内書面提出期間経過後 <u>1</u> 年以内に限り、明細書等翻訳文・図面・要約の翻訳文 を提出することができる（実48条の4第4項）。その場合 の翻訳文は、国内書面提出期間が満了する時に特許庁長 官に提出したものとみなされる（実48条の4第5項）。

2 国内処理の請求

(2)日本語実用新案登録出願の場合は、①国内書面の提出、 ②登録料の納付、③手数料の納付がなければ、国内処理 の請求はできない（実48条の5第4項）。

(3)外国語実用新案登録出願の場合は、①国内書面の提出、 ②登録料の納付、③翻訳文の提出、④手数料の納付がな ければ、国内処理の請求はできない（実48条の5第4項）。

(4)国内処理の請求は、出願人に限り、することができる（実 48条の5第4項）。

学習日	月　日	月　日	月　日	月　日
正答数	／5	／5	／5	／5

○ 出た過去問! 出る予想問! 目標 **4** 分で答えよう ○

❏ 外国語でされた国際実用新案登録出願の出願人が、国内書面提出期間内に、実用新案法第 48 条の 5 第 1 項に規定する書面を提出したが、その国際実用新案登録出願の明細書の日本語による翻訳文の提出をすることができなかった場合、提出することができなかったことについて正当な理由があれば、所定の期間内に、翻訳文を提出することができる。［予想問］　　　　　　　　　　　　　☞(1)答○

❏ 国内処理の請求をするためには、登録料の納付が必要である。［予想問］　　　　　　　　　　　　　　　　☞(2)(3)答○

❏ 日本語実用新案登録出願の出願人は、国内書面提出期間内に、実用新案法第 48 条の 5 第 1 項（書面の提出）をし、かつ同法第 32 条第 1 項（登録料）の規定により納付すべき登録料を納付した後であっても、国内処理の請求をすることができない場合がある。［H9-41］　　　☞(2)答○

❏ 国際実用新案登録出願の出願人は、国内処理の請求をする場合、第 1 年から第 3 年までの各年分の登録料の納付をその国内処理の請求の時までにしなければならない。［H29-特実 8］　　　　　　　　　　　　　　　　☞(2)(3)答○

❏ 国内処理の請求は、<u>何人も</u>することができる。［予想問］　　　　　　　　　　　　　　　　　　　　　☞(4)答×

1 国際実用新案登録出願と図面

(1)国際出願は、国際出願段階では図面は必須ではない。

⇨国内移行完了後、国際実用新案登録出願になった場合には、図面が必要になる（実48条の7）。

⇨条約上（PCT7条⑵）も、許容している。

2 図面の提出時期

(2)国際実用新案登録出願の出願人は、国際出願が国際出願日に図面を含んでいないものであるときは、国内処理基準時の属する日までに、図面を特許庁長官に提出しなければならない（実48条の7第1項）。

⇨図面提出命令が出れば、その応答期間内に、図面の提出ができる。

3 図面の提出がされない場合

(3)国内処理基準時の属する日までに図面を提出しない場合は、図面の提出命令が発せられる（実48条の7第2項）。

4 図面提出命令に応じない場合の効果

(4)図面提出命令に応じない場合は、国際実用新案登録出願は、特許庁長官の裁量により、却下され得る（実48条の7第3項）。

5 図面が提出された場合の効果

(5)図面を提出した場合には、手続の補正（実2条の2）とみなされる（実48条の7第4項）。

⇨図面の提出は、実2条の2第1項の規定による手続の補正とみなされる（実48条の7第4項）のであり、国際出願日において提出されていたものとは扱われない。

● 出た過去問！ 出る予想問！ 目標 **4** 分で答えよう ●

❏ 国際実用新案登録出願は、国内出願との平仄との観点からも図面が必要である。また、指定官庁が図面を求めることができる旨が PCT 第 7 条(2)にも規定されている。[予想問]

☞(1)答○

❏ 国際出願が国際出願日において図面を含んでいないものであるときは、当該国際実用新案登録出願の出願人は、<u>国内処理基準時の属する日を経過した後は、図面を提出することができる場合はない</u>。[H6-18]   ☞(2)答×

❏ 国際実用新案登録出願の場合、図面の提出がなされていない場合に図面提出命令が出るのは、国内処理基準時ではなく、国内処理基準時の属する日までに提出がない場合である。[予想問]   ☞(3)答○

❏ 国際実用新案登録出願が国際出願日において図面を含んでいない場合、特許協力条約上図面は必要な場合にしか要求されないことから、<u>図面の提出がないときであっても、特許庁長官により当該出願が却下されることはない</u>。[H26-46]   ☞(4)答×

❏ 国際実用新案登録出願の出願人は、国際出願が国際出願日において図面を含んでいないものであるときは、国内処理基準時の属する日までに、図面を特許庁長官に提出しなければならないが、この図面は、<u>国際出願日において提出されたものとみなされる</u>。[H30- 条約 5]   ☞(5)答×

1 国際実用新案登録出願の補正の始期

(1)日本語実用新案登録出願は、国際出願日が認定されていても、①国内書面の提出、②手数料の納付、③登録料の納付がなければ、補正ができない（実48条の8第4項）。

(2)外国語実用新案登録出願は、①国内書面の提出、②手数料の納付、③登録料の納付、④翻訳文の提出がなければ、補正ができない（実48条の8第4項）。

⇨国内処理基準時の経過は、要件ではない。

2 国際実用新案登録出願の補正できる時期の特例

(3)国際実用新案登録出願の場合は、国際出願日から1月を経過しても、自発補正ができる（実48条の8第2項）。

3 外国語実用新案登録出願に係る明細書等の補正範囲

(4)外国語実用新案登録出願に係る明細書等については、国際出願日における国際出願の明細書等に記載した事項の範囲内で補正をすることができる（実48条の8第3項）。

⇨特許と異なり、誤訳訂正書はないが、手続補正書により当該範囲で補正をすることができる。

4 国際特許出願からの出願変更

(5)国際特許出願から国際実用新案登録出願への出願変更はできない。その逆もできない。

⇨但し、国際実用新案登録出願から外国語書面出願（特36条の2）への出願変更はできる。

(6)外国語特許出願から実用新案登録出願に変更する場合は、①国内書面の提出、②手数料の納付、③翻訳文の提出が必要だが、国内処理基準時の経過は、要件ではない。

学習日	月 日	月 日	月 日	月 日
正答数	／5	／5	／5	／5

出た過去問！
出る予想問！ 目標 **4** 分で答えよう

❏ 外国語実用新案登録出願の出願人は、実 48 条の 5 第 1 項の書面及び翻訳文を提出し、所定の手数料及び登録料を納付した後に補正ができる。[H25-1 改]　　　☞(2)答○

❏ 外国語実用新案登録出願の出願人は、国内処理基準時を経過する前であっても実用新案法第 2 条の 2 第 1 項本文の規定による手続の補正をすることができる場合がある。ただし、特許協力条約第 34 条(2)(b)の規定による補正は含まないものとする。[H9-41]　　　☞(2)答○

❏ 日本語でされた国際実用新案登録出願の出願人は、実用新案法第 2 条の 2 第 1 項但書の経済産業省令で定める期間を経過した後であっても、国内書面提出期間内に実用新案法第 48 条の 5 第 1 項に規定する書面を提出し、かつ、所定の登録料及び手数料の納付をした後において、当該明細書、請求の範囲又は図面について補正をする機会がある。[H14-15]　　　☞(1)(3)答○

❏ 外国語実用新案登録出願の出願人が、誤訳の訂正を目的とする補正をするときは、その理由を記載した誤訳訂正書を提出してすることができる場合がある。[H9-41]　☞(4)答×

❏ 外国語特許出願の実用新案登録出願への変更は、その外国語特許出願について特許法第 184 条の 4 第 1 項（外国語特許出願の翻訳文の提出）及び同法第 184 条の 5 第 1 項（書面の提出）の規定による手続をし、かつ、同法第 195 条第 2 項（手数料）の規定により納付すべき手数料を納付した後であれば、国内処理基準時を経過する前であっても、することができる。[H1-38]　　　☞(6)答○

> 必ず出る！
> 基礎知識　目標 **6** 分で覚えよう

1　実用新案技術評価の請求の時期の制限

(1)国際実用新案登録出願については、国内処理基準時が経過した後でなければ、何人も実用新案技術評価の請求ができない（実48条の13）。

2　国際実用新案登録出願の訂正

(2)誤記の訂正を目的とする訂正は、国際出願日における明細書等の範囲内で可能である（実48条の13の2）。

⇨実用新案の訂正の場合は、誤訳の訂正はなく、誤記の訂正しかない（実14条の2第1項・2項2号）。

3　無効理由の特例

(3)外国語実用新案登録出願の明細書等の記載事項が、国際出願日の明細書等に記載した事項の範囲を超えた場合は、無効理由となる（実48条の14）。

4　みなし実用新案登録出願の場合の主な読み替え

(4)みなし実用新案登録出願の場合、補正、実用新案技術評価の請求は、決定の後でなければできない（実48条の16）。

(5)みなし実用新案登録出願における第1年分～第3年分登録料は、決定の日から経済産業省令で定める期間内に納付すればよい（実48条の16）。

⇨国際実用新案登録出願における第1年分～第3年分の登録料は、原則として、国内書面提出期間内に納付すればよい（実48条の12）。

5　そ　の　他

(6)国際実用新案登録出願では、国際公開がなされた場合でも、補償金請求権が発生しない。

学習日	月	日	月	日	月	日	月	日
正答数		/6		/6		/6		/6

◉ 出た過去問! 出る予想問! **目標 4 分で答えよう** ◉

❏ 実用新案登録出願に関する実用新案技術評価の請求は、出願後に何人も請求することができるが、国際実用新案登録出願の場合には、国内処理基準時を経過するまでは出願人であってもすることはできない。[H29- 特実 8]　　☞(1)答○

❏ 国際実用新案登録出願については、何人もいつでも実用新案技術評価を請求することができる。[H28- 条約 6] ☞(1)答×

❏ 外国語でされた国際実用新案登録出願に係る実用新案登録の願書に添付した明細書の記載事項が、国際出願日における国際出願の明細書、請求の範囲又は図面に記載した事項の範囲内にないことは、実用新案登録の無効理由となる。[H15-44]　　　　　　　　　　　　　　　　☞(3)答○

❏ 決定により実用新案登録出願とみなされる国際出願（実用新案法第 48 条の 16）について、同法第 48 条の 16 第 3 項の決定がされた後であれば、何人も実用新案技術評価の請求をすることができる。[H9-41]　　　　　　☞(4)答○

❏ 実用新案法第 48 条の 16 の規定により実用新案登録出願とみなされた国際出願人は、決定を受けた後であっても第 1 年分から第 3 年分までの登録料を納付しなければ実用新案法第 2 条の 2 第 1 項に規定する手続の補正をすることはできない。[H7-27]　　　　　　　　　　　☞(4)(5)答×

❏ 日本語実用新案登録出願について国際公開がされた場合、当該出願人は、当該考案の実施に対するいわゆる補償金請求権を有する場合がある。[H6-18]　　　　　　☞(6)答×

6章

国際実用新案登録出願(4)：その他

1 実用新案技術評価の請求手数料の返還

(1)実用新案技術評価の請求があった後に、実用新案権登録に基づく特許出願がされたことによりその請求がされなかったものとみなされた場合（実12条7項）の評価手数料は、納付した者に自動返還される（実54条の2第1項）。

2 無効審判の取下げ等と手数料の返還

(2)無効審判請求後に実用新案登録出願に基づく特許出願がされた場合、無効審判請求人・参加人にその旨を通知し（実39条5項）、通知を受けた日から30日以内（延長・追完あり）に、相手方の承諾なく無効審判の請求を取り下げることができる。無効審判請求・参加申請が取り下げられたときは、無効審判の請求手数料・参加申請手数料は、請求により返還される（実54条の2第2項・4項）。

⇨返還請求可能期間は、無効審判の請求が取り下げられた日（参加の申請が取り下げられた日）から6月以内（追完あり）である（実54条の2第3項・7項・12項）。

(3)実用新案登録に基づく特許出願後の参加申請手数料の返還が可能となる時期（実39条5項の通知を受けた日から30日以内）において、参加申請の取下げ前に無効審判の請求が取り下げられた場合であっても、参加人が審判手続を続行（準特148条2項）しない限り、参加申請手数料は、請求により、1年（追完あり）の間は、返還される（実54条の2第8項）。

⇨返還請求可能期間は、無効審判の請求が取り下げられた日から1年（追完あり）以内である（実54条の2第9項）。

学習日	月　日	月　日	月　日	月　日
正答数	／5	／5	／5	／5

出た過去問！
出る予想問！ 目標 **4** 分で答えよう

❑ 実用新案技術評価の請求があった後に当該実用新案登録出願に基づく特許出願があった場合には、その請求人が納付した実用新案技術評価の請求の手数料は、その特許出願から６月以内にその請求人からの請求がなければ、返還されない。[H20-48]
☞(1)答×

❑ 実用新案登録無効審判において、答弁書の提出があった後であっても、相手方の承諾を得ることなく、その審判の請求を取り下げることができる場合がある。[H20-33]
☞(2)答○

❑ 実用新案登録に基づく特許出願がされた旨の通知を受けた者は、いつでも、相手方の承諾を得ずにその審判の請求を取り下げることができる。[予想問]
☞(2)答×

❑ 実用新案登録無効審判において、当該実用新案登録に基づく特許出願がされた旨が当該審判請求人及び参加人に通知され、その後、審判請求人はその請求を取り下げた。この場合、参加人が当該審判の手続を単独で遂行することができることがある。[予想問]
☞(3)答○

❑ 実用新案登録無効審判が請求され、利害関係を有する者がその審判に参加した後、当該実用新案登録に基づく特許出願がされ、その旨が審判請求人及び参加人に通知された。その後、審判請求人がその請求を取り下げるとともに審判の請求の手数料の返還を請求した場合において、参加人は、その特許出願がされた旨の通知を受けた日から１年を経過した後であっても、参加の申請の手数料の返還を請求することができることがある。[H18-58]
☞(3)答○

6章
手数料の返還

● MEMO ●

● MEMO ●

● MEMO ●

● MEMO ●

● MEMO ●

● MEMO ●

●著者紹介●

佐藤　卓也（さとう・たくや）

昭和39年、東京都新宿区に生まれる。中央大学法学部法律学科卒業・同大学院民事法博士前期課程修了。

大日本印刷株式会社特許部（現・知的財産権本部）に平成9年まで勤務。

その後、小島国際特許事務所（現・第一東京国際特許事務所）に勤務し、実務に従事している。

大手受験予備校（LEC東京リーガルマインド）では、弁理士受験の講座体系を作り上げるとともに、講座中の基本テキストなど多くの著作・編集に携わる。

また、公共団体の研修講師、日本弁理士会での委員会活動を行っている。

趣味は城郭めぐりで、幼少期より日本の城郭を巡り歩いた。弁理士受験生の質の向上に貢献し、弁理士資格の魅力を多くの方に伝えるべく、日夜講義に励んでいる。

　本書において「過去問」として表示した問題は、編集部及び著者の責任において本試験問題を選択肢単位に分解し、○×問題として再構成したものです。

　また、問題ごとに表示した出題年度・問題番号は、本書掲載問題のベースとなった本試験問題のものを参考として記したものです。

装丁　やぶはな あきお

ケータイ弁理士Ⅰ　第2版　特許法・実用新案法

2020年9月3日　第1刷発行

著　者	佐　藤　卓　也
発行者	株式会社　三　省　堂
	代表者　北口克彦
印刷者	三省堂印刷株式会社
発行所	株式会社　三　省　堂

〒101-8371　東京都千代田区神田三崎町二丁目22番14号
電　話　編集　(03) 3230-9411
営業　(03) 3230-9412
https://www.sanseido.co.jp/

<2版ケータイ弁理士Ⅰ・288pp.>